Götze · Die Haftung im eigenverwalteten Insol

Anke Götze

Die Haftung im eigenverwalteten Insolvenzverfahren

Eine Bewertung des Haftungskonzepts

Mit einer Einführung von
Professor Dr. Michael Jaensch

Gans Verlag
Berlin

Berliner wirtschaftsrechtliche Schriften, Bd. 3

Von Professor Dr. Michael Jaensch und Professorin Dr. Irmgard Küfner-Schmitt herausgegeben.

Bibliografische Informationen der Deutschen Nationalbibliothek

Die Deutsche Nationalbibliothek verzeichnet diese Publikation in der Deutschen Nationalbibliografie; detaillierte bibliografische Daten sind im Internet über http://dnb.dnb.de abrufbar.

ISBN 978-3-946392-02-6

Anke Götze
Die Haftung im eigenverwalteten Insolvenzverfahren
1. Auflage 2016

Inhaltsverzeichnis

Einführung

Von Prof. Dr. Michael Jaensch

I. Im Regelinsolvenzverfahren nach §§ 11 ff. InsO geht die Verwaltungs- und Verfügungsbefugnis auf den Insolvenzverwalter über, § 80 Abs. 1 InsO. Bis zur Entscheidung über den Insolvenzantrag kann das Gericht einen vorläufigen Insolvenzverwalter bestellen und dem Schuldner ein allgemeines Verfügungsverbot auferlegen; in diesem Fall spricht man von einem starken vorläufigen Insolvenzverwalter.

Die Eigenverwaltung nach §§ 270 ff. InsO ist hingegen eine gesonderte Verfahrensart der Insolvenzordnung. Sie war der Konkursordnung unbekannt und wurde nach dem Vorbild der Vergleichsordnung und dem US-amerikanischen Chapter 11-Verfahren entwickelt. Nach der Vergleichsordnung bestand die Möglichkeit, die Verwaltungs- und Verfügungsbefugnis beim Schuldner zu belassen und dem Vergleichsverwalter lediglich eine Überwachungsfunktion zuzuweisen. Das US-amerikanische Chapter 11-Verfahren enthält als Regelform den *debtor in possession*, der die Aufgaben des Verwalters (*trustee*) wahrnimmt. Die Kontrolle erfolgt in der Regel durch die Gläubiger (*creditor committees*). Nur in Ausnahmefällen wird die Verfügungsbefugnis des Schuldners durch einen *examiner* oder *trustee* eingeschränkt.[1] Ähnlich den vorgenannten Vorbildern wird in der Eigenverwaltung die Verwaltungs- und Verfügungsbefugnis beim Schuldner (Eigenverwalter) belassen. In der Ausführung der Eigenverwaltung wird er jedoch von einem Sachwalter überwacht. Die §§ 270 ff. InsO regeln nur die Besonderheiten der Eigenverwaltung, darüber hinaus gelten die allgemeinen Regeln. Indes sollte der Vergleich zum Chapter 11-Verfahren nicht überdehnt werden. Dem U.S.-Recht liegt ein abweichendes Verständnis zugrunde, da es das Ziel hat, den Schuldner vor Einzelzwangsvollstreckungsmaßnahmen zu

---

1 *Braun/Uhlenbruck*, Unternehmensinsolvenz, 1999, 500 f.

schützen. Die Eigenverwaltung dient hingegen als Gesamtvollstreckungsverfahren vorrangig der gemeinschaftlichen Befriedigung der Gläubiger.[2]

II. Bis zum Gesetz zur Erleichterung der Sanierung von Unternehmen (ESUG), das am 1. März 2012 in Kraft trat, wurde vom Verfahren der Eigenverwaltung kaum Gebrauch gemacht.[3] Die Zahl der Anordnungen der Eigenverwaltung sank von 253 Fälle im Jahr 2002 auf 147 Fälle im Jahr 2007.[4] Es können nur wenige prominente Fälle aufgezählt werden, die der Eigenverwaltung unterworfen waren. Hierzu gehören die Verfahren Philipp Holzmann AG, KirchMedia GmbH & Co. KG aA, Grundig AG, Babcock-Borsig AG, AgfaPhoto GmbH, Ihr Platz GmbH & Co. KG, Herlitz AG und SinnLeffers GmbH. Zwischen 1999 und 2012 wurde lediglich eine kleine Anzahl von gerichtlichen Entscheidungen zur Eigenverwaltung veröffentlicht. Die geringe praktische Bedeutung der Eigenverwaltung beklagt auch der Gesetzgeber,[5] der mit dem ESUG die Eigenverwaltung zu stärken sucht.

III. Die Gründe für die mangelnde Akzeptanz der Eigenverwaltung sind vielschichtig. Zum einen wird befürchtet, es werde der Bock zum Gärtner[6] gemacht, wenn der Schuldner, der das Unternehmen in die Insolvenz geführt hat, nun mit seinem eigenen Insolvenzverfahren betraut werden soll. Hingegen sind Fälle, in denen der Schuldner die Eigenverwaltung zu seinen Gunsten missbrauchen wollte,[7] nur vereinzelt bekannt geworden. Die allgemeinen Vorbehalte gegen die Eigenverwaltung haben sich als zum Teil unbegründet erwiesen.[8] Den Vorteil der Eigenverwaltung sieht der Gesetzgeber darin, dass der Schuldner den Insolvenzantrag früher stellt, da er in der Eigenverwaltung nicht damit rechnen muss, seine Verwaltungs- und Verfü-

---

2 MüKo/*Tetzlaff*, InsO, 3. Auflage 2014, Vor. §§ 270-285 Rn. 7.

3 *Uhlenbruck/Vallender*, NZI 2009, 1, 5; *Andres*, in: Andres/Leithaus, InsO, 3. Aufl. 2014, Vor. §§ 270-285 Rn. 2.

4 *Kranzusch*, ZInsO 2008, 1346, 1347.

5 Regierungsentwurf ESUG, BT-Drs. 17/5712, S. 1.

6 Vgl. *Förster*, ZInsO 1999, 153 f.

7 Z.B. LG Bonn, NZG 2003, 1168, 1170 (unerklärbare Überweisungen aufs eigene Konto kurz vor Antragstellung).

8 Vgl. *Blank*, ZInsO 2008, 412 ff.; *Runkel/Schulte*, ZIP 2008, 852 ff.

gungsbefugnis zu verlieren. Auch könne das Wissen des Schuldners weiterhin genutzt werden; die notwendige Einarbeitung entfällt, wodurch Kosten gespart werden.[9] Dieser Kostenersparniseffekt wird jedoch zunichtegemacht, wenn mit Beantragung der Eigenverwaltung die Geschäftsführung des Schuldners ausgetauscht wird, was in der Mehrzahl der durchgeführten Großverfahren der Fall war.[10]

Da die Eigenverwaltung im Eröffnungsverfahren bisher nicht angeordnet werden konnte, wurde zudem beklagt, dass die Gerichte durch die Bestellung eines vorläufigen Insolvenzverwalters im Eröffnungsverfahren Ansätze einer erfolgreichen Eigenverwaltung im Keim ersticken.[11] Das ESUG erleichtert dem Schuldner nunmehr den Zugang zur Eigenverwaltung. Im Eröffnungsverfahren wird ein vorläufiger Sachwalter bestellt, und die Gerichte sollen von einem allgemeinen Verfügungsverbot für den Schuldner absehen, § 270a Abs. 1 InsO. Durch das neue sog. Schutzschirmverfahren nach § 270b InsO ist das vorläufige Insolvenzverfahren auf die Sanierung ausgerichtet. Es ist jedoch davon auszugehen, dass im Regelinsolvenzverfahren ein starker vorläufiger Insolvenzverwalter ein vom Schuldner ausgearbeitetes Sanierungskonzept ebenso berücksichtigen würde, sofern es ihm vernünftig erscheint.[12] Der Schuldner kann den vorläufigen Sachwalter auswählen und dem Gericht vorschlagen. Dieses kann vom Vorschlag nur abweichen, wenn die Person für die Übernahme des Amts ungeeignet ist, § 270b Abs. 2 Satz 2 InsO. Zudem ist es in erster Linie die Entscheidung der Gläubiger, ob sie das Insolvenzverfahren in Eigenverwaltung durchführen wollen. Wird der schuldnerische Antrag auf Anordnung der Eigenverwaltung vom vorläufigen Gläubigerausschuss einstimmig unterstützt, so

---

9 Regierungsentwurf InsO, BT-Drs. 12/2443, 222 f.

10 Vgl. *Kübler*, Handbuch Restrukturierung in der Insolvenz, 2. Auflage 2015, § 1 Rn. 22.

11 Braun/*Riggert*, InsO, 6. Aufl. 2014, Vor. 270-282 Rn. 2; MüKo/*Tetzlaff*, InsO, 3. Auflage 2014, Vor. §§ 270-285 Rn. 17.

12 *Andres*, in: Andres /Leithaus, InsO, 3. Aufl. 2014, Vor. §§ 270-285 Rn. 8.

kann sich das Gericht dem Antrag nur widersetzen, wenn es seine Begründung mit konkreten Tatsachen unterlegt, womit dessen Einfluss erheblich reduziert wird.[13]

In der Regel werden die vorläufigen Sachwalter und Gläubigerausschüsse bei der Anordnung der Eigenverwaltung übernommen. Die Praxis steht diesen sog. mitgebrachten vorläufigen Sachwaltern und mitgebrachten vorläufigen Gläubigerausschüssen[14] kritisch gegenüber. In Gläubigerausschüssen besteht die Gefahr, dass sich eine gut organisierte Minderheit gegen die nicht oder schlecht organisierte Mehrheit der Gläubiger durchsetzt oder die Gläubiger sich am Verfahren kaum beteiligen.[15] Auch der Einfluss, den der Schuldner auf die Wahl des vorläufigen Sachwalters hat, muss nicht stets zum Vorteil der Gläubiger sein. Wenn sich eine Person in einer Bewerberrunde um die Bestellung als vorläufiger Sachwalter gegenüber seinen Mitbewerbern beim Schuldner durchgesetzt hat (sog. *Beauty Contest* oder *Pitch*), besteht die Gefahr, dass diese als Sachwalter im laufenden Verfahren den Eigenverwalter nicht hinreichend kritisch überprüft und Gläubigerinteressen vernachlässigt. Dieser Gefahr kann u.a. durch ein umfassendes Haftungsregime begegnet werden, welches die handelnden Personen für die Verletzung der ihnen obliegenden Pflichten zur Rechenschaft zieht.

IV. Als handelnde Personen in der Eigenverwaltung, die einer Haftung ausgesetzt sein könnten, kommen der Sachwalter, der Eigenverwalter sowie die für ihn handelnden Organe (Geschäftsleiter) in Betracht. Die wissenschaftliche Durchleuchtung des Haftungsregimes steckt trotz einiger umfassender grundsätzlicher Abhandlungen[16] noch in den Anfängen.

---

13 MüKo/*Tetzlaff*, InsO, 3. Auflage 2014, Vor. §§ 270-285 Rn. 20; *Kübler*, Handbuch Restrukturierung in der Insolvenz, 2. Auflage 2015, § 1 Rn. 24; *Pape*, ZInsO 2011, 2154, 2157.

14 S. hierzu *Flöther*, ZIP 2012, 1833, 1839 f.

15 MüKo/*Tetzlaff*, InsO, 3. Auflage 2014, Vor. §§ 270-285 Rn. 29.

16 Z.B. *Bachmann*, ZIP 2015, 101 ff.; *Thole/Brünkmans*, ZIP 2013, 1097 ff.

Götze, die sich diesem Thema annimmt, umreißt kurz die Haftung des Sachwalters[17]. Da dieser in der Eigenverwaltung anstelle des Insolvenzverwalters tritt, haftet er aufgrund § 274 Abs. 1 InsO nach § 60 InsO. Allerdings ist seine Haftung für Masseverbindlichkeiten nach § 61 InsO eingeschränkt, sofern das Gericht bestimmte Rechtsgeschäfte der Zustimmung des Sachwalters unterwirft, der Sachwalter der Begründung einer Masseverbindlichkeit nach § 277 Abs. 1 Satz 3 InsO zustimmt und er nicht erkennen konnte, dass die Masse nicht zur Erfüllung ausreichen würde.

Der Haftung des Eigenverwalters wird kaum praktische Bedeutung zugemessen,[18] da der Schuldner im eigenverwaltenden Verfahren regelmäßig über kein Vermögen mehr verfügt, welches als Haftungsmasse zur Verfügung stehen könnte. *Götze* geht der Frage nach, ob neben einer Haftung aus Vertrag oder Delikt auch eine Haftung nach §§ 60 Abs. 1, 61 InsO durch die direkte oder unmittelbare Anwendung der Verweisung in § 270 Abs. 1 Satz 2 InsO auf die allgemeinen Vorschriften begründet werden kann. Der tiefergehende Sinn dieser Überlegung liegt in der Begründung der Geschäftsleiterhaftung. Denn die Haftung des Eigenverwalters könnte als Steigbügel für die Begründung der persönlichen Haftung der Geschäftsleiter dienen.[19] Ließe sich *de lege lata* eine persönliche Haftung der Geschäftsleiter der schuldnerischen juristischen Person begründen, stünde den Gläubigern eine erweiterte Haftungsmasse zur Verfügung. Sie könnten durch den Schuldner gemäß §§ 270, 60 Abs. 1, 61 InsO (analog) auf die für ihn handelnden Personen zugreifen. Daher beschäftigt sich *Götze* mit der Frage, inwiefern die Geschäftsleiter neben dem gesellschaftsrechtlichen Haftungsregime einer persönlichen insolvenzrechtlichen Haftung unterliegen. Ergänzend untersucht sie die vertraglichen und deliktsrechtlichen Tatbestände, mit denen sich eine persönliche Haftung der Geschäftsleiter begründen ließe.

---

17 Die vorliegende Untersuchung von Anke *Götze* über die Haftung im eigenverwalteten Insolvenzverfahren lag als Bachelorarbeit zur Erlangung des akademischen Grades Bachelor of Laws (LL.B.) der Hochschule für Technik und Wirtschaft Berlin vor.

18 MüKo/*Tetzlaff*, InsO, 3. Auflage 2014, § 270 Rn. 167.

19 Vgl. *Bachmann*, ZIP 2015, 101, 102.

V. Als die Tinte unter dem ESUG noch nicht ganz trocken war, waren bereits Stimmen für eine Haftungsregelung in der Eigenverwaltung *de lege ferenda* zu vernehmen,[20] um den Schuldner und deren Geschäftsleiter zu disziplinieren und den Gläubigerschutz zu verbessern. Vor einem Aktionismus des Gesetzgebers wird zu Recht gewarnt.[21] Es bedarf näherer Überlegungen, wie sie u.a. von *Götze* angestellt wurden, um das Verhältnis von Regelinsolvenzverfahren zur Eigenverwaltung nach dem ESUG zu klären. Zudem sollten weitere Eigenverwaltungsverfahren abgewartet und dabei analysiert werden, inwiefern aufgrund des bestehenden Haftungssystems tatsächlich Handlungsbedarf besteht.

---

20 S. *Gravenbrucher Kreis*, ZIP 2014, 1262, 1263 f.; *Hill*, ZInsO 2010, 1825, 1829; *Flöther*, Frankfurter Allgemeine Zeitung v. 16.10.2013, S. 19, der Gesetzgeber müsse „schnellstmöglich einheitliche Regeln aufstellen".

21 *Bachmann*, ZIP 2015, 101, 109.

Literaturverzeichnis

Arbeitskreis für Insolvenzwesen Köln e.V.: Kölner Schrift zur Insolvenzordnung, 2009, Berlin (zit.: *Bearbeiter*, Kölner Schrift)

Bachmann, Gregor: Organhaftung in der Eigenverwaltung, ZIP 2015, 101 ff.

Baumbach, Adolf/Hueck, Alfred: GmbHG, Kurzkommentar, 20. Auflage 2013, München

Bitter, Georg/Lutter, Marcus/Priester, Hans-Joachim/Schön, Wolfgang/Ulmer, Peter: Festschrift für Karsten Schmidt, 2009, Köln

Bork, Reinhard/Schäfer, Carsten: GmbHG, Kommentar zum GmbHG, 2. Auflage 2012, Köln

Brinkmann, Moritz: Haftungsrisiken im Schutzschirmverfahren und in der Eigenverwaltung (Teil 2); DB 2012, 1369 ff.

Erker, Astrid: Die Business Judgment Rule im Haftungsstatut des Insolvenzverwalters, ZInsO 2012, 199 ff.

Fleischer, Holger/ Goette, Wulf: Münchener Kommentar zum GmbHG, Band 2 §§ 35-52, 1. Auflage 2012, München (zit.: MüKo-GmbHG/*Bearbeiter*)

Gerhardt, Walter/Haarmeyer, Hans/Kreft, Gerhart: Insolvenzrecht im Wandel der Zeit, Festschrift für Hans-Peter Kirchhof, 2003, Berlin (zit.: Festschrift Kirchhof)

Göcke, Torsten: Wechselwirkungen bei der Insolvenz von Gesellschaft, Gesellschafter und Organwalter, 2009, München

Goette, Wulf/Habersack, Mathias: Münchener Kommentar zum Aktiengesetz, Band 2 §§ 76-117, 4. Auflage 2014, München (zit.: MüKo-AktG/*Bearbeiter*)

Götker, Uwe: Der Geschäftsführer in der Insolvenz der GmbH, 2. Auflage 2006, Köln (zit.: Der GF in der Insolvenz der GmbH)

Gottwald, Peter: Insolvenzrechts-Handbuch, 5.Auflage 2015, München (zit.: InsR-Handbuch)

Haas, Ulrich: § 64 S. 1 GmbHG im (vorläufigen) Eigenverwaltungs- und Schutzschirmverfahren, ZHR 178, 603 ff., 2014

Hofmann, Matthias: Die Eigenverwaltung in der Insolvenz, 2006, Berlin (zit.: EV in der Insolvenz)

Hofmann, Matthias: Eigenverwaltung, 2. Auflage 2014, Köln

Hüffer, Uwe: Aktiengesetz, Kurzkommentar, 11. Auflage 2014, München (zit.: AktG)

Huhn, Christoph: Die Eigenverwaltung im Insolvenzverfahren, 2003, Köln (zit.: EV im Insolvenzverfahren)

Jungmann, Carsten: Die Business Judgment Rule im Gesellschaftsinsolvenzrecht, NZI 2009, 80 ff.

Klöhn, Lars: Gesellschaftsrecht in der Eigenverwaltung: Die Grenzen des Einflusses auf die Geschäftsführung gemäß § 276 a Satz 1 InsO, NZG 2013, 81 ff.

Kock, Martin/Dinkel, Renate: Die zivilrechtliche Haftung von Vorständen für unternehmerische Entscheidungen - Die geplante Kodifizierung der Business Judgment Rule im Gesetz zur Unternehmensintegrität und Modernisierung des Anfechtungsrechts, NZG 2004, 441 ff.

Kübler, Bruno M./Prütting, Hanns/Bork, Reinhard: Kommentar zur Insolvenzordnung, 64. Ergänzungslieferung 2015, Köln (zit.: Kübler/Prütting/Bork/*Bearbeiter*)

Kübler, Bruno M.: Handbuch Restrukturierung in der Insolvenz, 2. Auflage 2015, Köln (zit.: HRI)

Larenz, Karl/Canaris, Claus-Wilhelm: Methodenlehre der Rechtswissenschaft, 3. Auflage 1996, Berlin

Michalski, Lutz: GmbHG, Kommentar, 2. Auflage 2010, München

Mohrbutter, Harro/Ringstmeier, Andreas: Handbuch Insolvenzverwaltung, 9. Auflage 2015, Köln (zit.: Insolvenzverwaltung)

Palandt, Bürgerliches Gesetzbuch, Kurzkommentar, 74. Auflage 2015, München (zit.: Palandt/*Bearbeiter*)

Raiser, Thomas/Veil, Rüdiger: Recht der Kapitalgesellschaften, 5. Auflage 2010, München

Röhricht, Volker: Insolvenzrechtliche Aspekte im Gesellschaftsrecht, ZIP 2005, 505 ff.

Säcker, Franz Jürgen/Rixecker, Roland: Münchener Kommentar zum BGB, Band 5 §§ 705-853, 6. Auflage 2013, München (zit.: MüKo-BGB/*Bearbeiter*)

Saenger, Ingo/Inhester, Michael: GmbHG, Handkommentar, 2. Auflage 2013, Baden-Baden

Saenger, Ingo: Gesellschaftsrecht, 2. Auflage 2013, München (zit. GesR)

Schlegel, Stephan: Die Eigenverwaltung in der Insolvenz, 1999, Berlin (zit.: EV in der Insolvenz)

Schmidt, Andreas/Poertzgen, Christoph: Geschäftsführerhaftung (§ 64 S. 1 GmbHG) in Zeiten des ESUG, NZI 2013, 369 ff.

Schmidt, Andreas: Hamburger Kommentar zum Insolvenzrecht, 5. Auflage 2015, Köln (zit.: HK-InsR/*Bearbeiter*)

Schmidt, Karsten: Gesellschaftsrecht, 4. Auflage 2002, München (zit.: GesR)

Schmidt, Karsten: Insolvenzordnung, Kurzkommentar, 18. Auflage 2013, München

Soergel, Theodor: Bürgerliches Gesetzbuch, Kommentar, Band 12 §§ 823-853; 13. Auflage 2005, Stuttgart

Thole, Christoph/Brünkmans, Christian: Die Haftung des Eigenverwalters und seiner Organe, ZIP 2013, 1097 ff.

Thole, Christoph: Gesellschaftsrechtliche Maßnahmen in der Insolvenz, 2. Auflage 2015, Köln (zit.: GesR in der Insolvenz)

Uhlenbruck, Wilhelm, Kommentar zur Insolvenzordnung, 14. Auflage 2015, München (zit.: Uhlenbruck/*Bearbeiter*)

Abkürzungsverzeichnis

Abs.	Absatz
AG	Aktiengesellschaft
AktG	Aktiengesetz
Alt.	Alternative
Aufl.	Auflage
BGB	Bürgerliches Gesetzbuch
BGH	Bundesgerichtshof
BGHZ	Entscheidungen des Bundesgerichtshofes in Zivilsachen
BJR	Business Judgement Rule
BMJ	Bundesministerium für Justiz
Bsp.	Beispiel
BT-Drs.	Bundestags-Drucksache
bzw.	beziehungsweise
c.i.c.	culpa in contrahendo
d.h.	das heißt
DB	Der Betrieb (Zeitschrift)
ESUG	Gesetz zur weiteren Erleichterung der Sanierung von Unternehmen
f.	folgende
ff.	fortfolgende
FS	Fachserie
GmbH	Gesellschaft mit beschränkter Haftung
GmbHG	Gesetz betreffend die Gesellschaft mit beschränkter Haftung
h.M.	herrschende Meinung
i.S.d.	im Sinne des
i.S.v.	im Sinne von
i.V.m.	in Verbindung mit
INDat Report	Fachmagazin für Restrukturierung, Sanierung und Insolvenz
InsO	Insolvenzordnung
Nr.	Nummer

NZG	Neue Zeitschrift für Gesellschaftsrecht
NZI	Neue Zeitschrift für das Recht der Insolvenz und Sanierung
OLG	Oberlandesgericht
RegE	Regierungsentwurf
Rn.	Randnummer
s.	siehe
S.	Satz; Seite
sog.	sogenannte(r)
StB	Statistisches Bundesamt
u.a.	unter anderem
v.	von;vom;vor
vgl.	vergleiche
z.B.	zum Beispiel
ZHR	Zeitschrift für das gesamte Handels- und Wirt-schaftsrecht
ZInsO	Zeitschrift für das gesamte Insolvenzrecht
ZIP	Zeitschrift für Wirtschaftsrecht

A Einleitung

Gegenstand und Ziel der Arbeit

Obwohl die Eigenverwaltung bereits mit der Insolvenzrechtsreform, die mit Inkrafttreten der InsO am 01.01.1999 umgesetzt wurde, Eingang in die Rechtsordnung gefunden hat, soll das am 01.03.2012 in Kraft getretene ESUG die Eigenverwaltung aus ihrer bisherigen Unauffälligkeit befreien. Der Gesetzgeber möchte damit eine frühzeitige Stellung des Insolvenzantrages durch den Schuldner selbst, sogenannter Eigenantrag, erreichen.[22]

Ist es doch der Schuldner, der zuerst bewusst wahrnehmen sollte, dass seine Liquidität ins Stocken geraten ist und er seine Verbindlichkeiten nicht mehr vollumfänglich erfüllen kann. Ist es bereits so weit, dass die Gläubiger den Insolvenzantrag stellen, einen Fremdantrag, ist in der Regel so wenig Masse vorhanden, dass diese nicht einmal zur Verfahrenskostendeckung ausreicht, geschweige denn, zur Sanierung der Gesellschaft. Demgegenüber erhält der Schuldner die Möglichkeit selbst den Verfahrensablauf zu bestimmen und über das ob und wie der Zukunft des Unternehmens zu entscheiden.

Wohingegen im Jahr 2006 der Anteil an Eigenverwaltung an den eröffneten Insolvenzverfahren noch bei 0,39 % lag, stieg dieser im Jahr 2010 auf 0,67 % an, um sodann wieder auf 0,44 % abzusinken. Dieser kurzzeitige Anstieg spiegelt auch in der Eigenverwaltung das durch die Eurokrise hervorgerufene gute Jahr der Insolvenzverwalter wieder. Die Eigenverwaltung wurde in den letzten sechs Jahren vor Einführung ESUG in durchschnittlich nur 0,5 % aller Insolvenzverfahren angeordnet und spielte somit in der insolvenzrechtlichen Praxis eine untergeordnete Rolle, auch wenn sie leicht an Bedeutung gewann.

---

22 RegE Gesetz zur weiteren Erleichterung der Sanierung von Unternehmen, BT-Drs. 17/5712, S. 1 f.

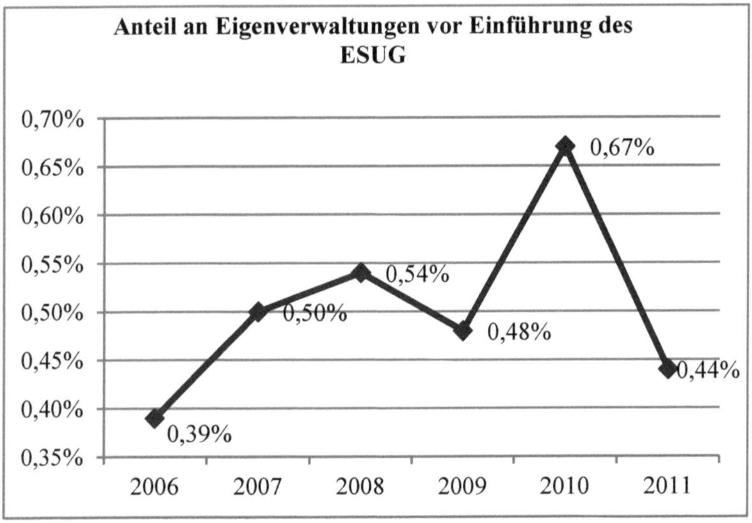

Quelle: StB, FS Insolvenz.

Die Haftung des eigenverwaltenden Schuldners und seiner Geschäftsleiter hat keine autonome insolvenzrechtliche Regelung erfahren.[23] Die vorliegende Arbeit versucht, die damit verbundene Frage zu beantworten, ob das breit verstreute Haftungsregime des Schuldners bzw. seiner Geschäftsleiter in der Eigenverwaltung ein umfassendes Regelungskonzept darstellt oder ob es einer spezifischen Haftungsregelung bedarf. Grundsätzlich ist zwischen natürlichen Personen und juristischen Personen zu unterscheiden. Da es sich bei der Eigenverwaltung von natürlichen Personen in der Praxis eher um eine Ausnahme handelt, gleichwohl diese aber möglich ist, wird in der vorliegenden Arbeit auf ihre Darstellung verzichtet. Die Arbeit konzentriert sich auf die Eigenverwaltung von juristischen Personen, insbesondere der GmbH und Aktiengesellschaft. Geleitet wird die Untersuchung von den Grundgedanken, dass zwei unterschiedliche Interessen zum Ausgleich gebracht werden müssen. Zum einen die der Gläubiger, welche prinzipiell auf

---

[23] *Hofmann*, Eigenverwaltung, Rn. 482.

eine strenge Haftung des eigenverwaltenden Schuldners und seiner Geschäftsleiter gerichtet sein werden. Diesen muss gerecht werden, da doch letztlich die Gläubiger entscheiden, ob dem Schuldner das Vertrauen zur Verfahrensdurchführung in Eigenverwaltung entgegengebracht werden kann. Denn diesen obliegt die Möglichkeit, die Aufhebung der Anordnung auf Eigenverwaltung durch das Insolvenzgericht zu veranlassen, § 272 Abs. 1 Nr. 1 InsO. Zum anderen soll der Schuldner und dessen Geschäftsleiter nicht durch ein zu strenges Haftungskonzept gehemmt werden, die Verantwortung für die Eigenverwaltung zu übernehmen. Eigens der Schuldner kann gemäß § 270 Abs. 2 S. 1 InsO den Antrag auf Eigenverwaltung stellen und ohne seine Bereitschaft wird kein Eigenverwaltungsverfahren stattfinden. Nur wenn diese Interessen zum Ausgleich gebracht werden, kann das eingangs erwähnte Ziel des ESUG erreicht werden.

Gang der Untersuchung und methodische Vorgehensweise

Um sich eingehend mit der Frage nach der bestehenden Haftung des Schuldners und seiner Geschäftsleiter auseinander zu setzen, ist es zunächst erforderlich, die Entwicklung des eigenverwalteten Insolvenzverfahrens bis zur heut bereits bestehenden Praxis sowie die Besonderheiten des Eigenverwaltungsverfahrens gegenüber dem Regelinsolvenzverfahren kurz zu erläutern. Dabei werden die Verfahrensakteure im Eigenverwaltungsverfahren dargestellt. Im zweiten Teil der Arbeit werden die bestehenden Haftungsvorschriften untersucht. Zu diesem Zweck wird zwischen der Haftung des Sachwalters, des eigenverwaltenden Schuldners, mithin der Gesellschaft und der Haftung ihrer Geschäftsleiter differenziert. In diesem Kontext ist zum einen die Frage zu beantworten, ob die Vorschriften in der Eigenverwaltung überhaupt anwendbar sind und zum anderen, wie die einzelnen Voraussetzungen zu konkretisieren sind. Der Einfluss der Aufsichtsorgane der Gesellschaft ist im Eigenverwaltungsverfahren gemäß § 276 a InsO weitestgehend beschränkt. Daher wird auf die Darstellung ihrer Haftung verzichtet. Vielmehr tritt an ihre Stelle der vom Gericht bestellte Sachwalter. Schließlich wird im dritten Abschnitt der Arbeit beurteilt, ob die bestehenden Haftungsregelungen einen umfassenden Schutz bieten, oder ob es darüber hinaus, einer spezifischen Haftung des eigenverwaltenden Schuldners und seiner Geschäftsleiter bedarf.

B Die Eigenverwaltung

I Die Praxis der Eigenverwaltung

Über die Jahre hat die Sanierung der schuldnerischen Gesellschaft in der Insolvenz einen stetig höher werdenden Stellenwert eingenommen. Wird doch den Beteiligten eines Insolvenzverfahrens immer bewusster, dass in geeigneten Fällen die Sanierung der Gesellschaft im Gegensatz zur Liquidation, für die Gläubiger zu besseren Ergebnissen führen kann. So hat beispielsweise eine werbende Gesellschaft einen erheblich höheren going concern value (Fortführungswert) als die Summe ihrer einzelnen Vermögenswerte (Liquidationswert). Zusätzlich hat die Sanierung im Vergleich zur Liquidation weitere positive Konsequenzen, wie etwa der Erhalt von Arbeitsplätzen. In der Praxis stehen dabei unterschiedliche Sanierungsinstrumente zur Verfügung. Zu den bislang nur wenig Genutzten gehört die Eigenverwaltung. Mit Einführung der Insolvenzordnung am 01.01.1999 ist das Verfahren in Eigenverwaltung (§§ 270–285 InsO) geschaffen worden. Jedoch spielte dies in der Praxis bis zur Einführung ESUG (2012) eine untergeordnete Rolle, denn das Insolvenzverfahren in Eigenverwaltung wurde nur in Ausnahmefällen angeordnet.[24] Sollte doch nicht der Schuldner, der den Eintritt des Insolvenzereignisses nicht habe vermeiden können, nun über die Insolvenzmasse verfügen und in erster Linie die Interessen der Gläubiger und nicht seine eigenen vertreten.[25] Andererseits kann es durchaus Vorteile haben eben jenen Schuldner in seiner Funktion zu belassen, zumal nicht immer die Gesellschaft selbst, das Insolvenzereignis herbeigeführt hat. So führen beispielsweise häufig Forderungsausfälle von Auftraggebern zur Überschuldung und/oder (drohenden) Zahlungsunfähigkeit.

Zur Anordnung kam die Eigenverwaltung dabei fast nur bei der Insolvenz von Großunternehmen wie beispielsweise Kirch Media GmbH & Co. KG aA, Ihr Platz GmbH & Co. KG, SinnLeffers GmbH oder der Babcock Börsig

---

[24] *Landry*, in: Mohrbutter/Ringstmeier, Insolvenzverwaltung, § 15, Rn. 2.
[25] Vgl. RegE Insolvenzordnung, BT-Drs. 12/2443, S. 222.

AG. Dass die Eigenverwaltung entgegen der Anfangsphase hauptsächlich bei großen Unternehmen angeordnet wird, hat sich in den letzten Jahren deutlich geändert. Das typische Unternehmen, welches das Insolvenzverfahren in Eigenverwaltung durchführt, hat einen Gesamtumsatz von sechs Millionen Euro und durchschnittlich 45 Beschäftigte.

Größenverteilung der Unternehmen in Eigenverwaltung bis Januar 2016

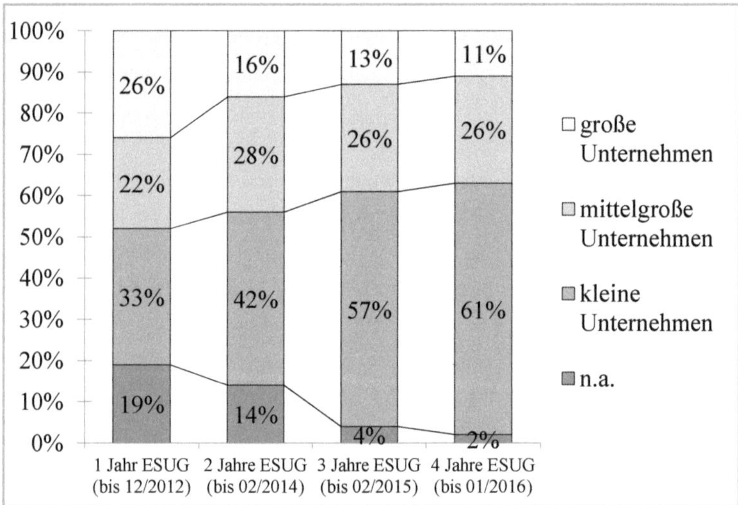

Quelle: INDat-Report, vier Jahre ESUG.

Die Entwicklung der Größenverteilungen bei eigenverwalteten Insolvenzverfahren der letzten Jahre bestätigt, dass diese vor allem für kleine und mittlere Unternehmen an Bedeutung gewinnen. Ihr Anteil an der Eigenverwaltung ist von 33 % im Jahr 2012 – dem ersten Jahr nach Inkrafttreten des ESUG – kontinuierlich bis hin zu 61 % im Jahr 2016 gestiegen. Hingegen sind es aktuell nur 11% große und 26% mittelgroße Unternehmen i.S.d. §267 HGB, welche ein eigenverwaltetes Insolvenzverfahren durchlaufen. Lediglich zwölf der großen Unternehmen haben einen Umsatz von über 300

Millionen Euro.[26] Bei den größten 50 Unternehmensinsolvenzen (am Umsatz gemessen) beträgt der Anteil an eigenverwalteten Verfahren zurzeit gerademal 20%.

Top-50-Unternehmensinsolvenzen

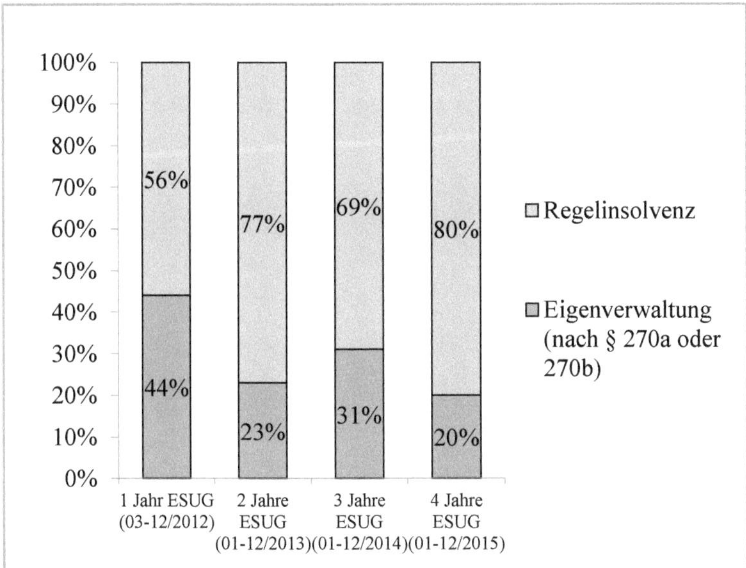

Quelle: INDat-Report, vier Jahre ESUG.

Somit ist der Anteil an Eigenverwaltungsverfahren bei den 50 größten Unternehmensinsolvenzen seit der Einführung ESUG auf dem niedrigsten Stand. Als Entwicklung zeichnet sich ab, dass die Eigenverwaltung mutmaßlich nicht das Standardverfahren zur Sanierung von Großunternehmen darstellen werde.

Gleichwohl muss beachtet werden, dass seit 2014 die Gesamtinsolvenzen insgesamt deutlich zurückgegangen sind. Dieser Rückgang hat zu einem generell höheren Anteil an kleinen bis mittleren Unternehmen im Insolvenzaufkommen geführt.

---

[26] INDat-Report, vier Jahre ESUG.

Dabei erfolgte das Verfahren in Eigenverwaltung entgegen der gesetzgeberischen Intention dergestalt, dass nicht der Schuldner respektive dessen Geschäftsleiter selbst, sondern ein extra für diesen Zweck neu bestellter sogenannter chief restructuring officer (CRO) das Verfahren durchführte. So wird häufig von der Fremdverwaltung im Kostüm der Eigenverwaltung gesprochen. Der Eigenverwaltung im tatsächlichen Sinne von Eigen kam also nur geringe Bedeutung zu. Dies hat den Gesetzgeber dazu bewogen, das Recht der Eigenverwaltung grundlegend zu ändern. Mit der Einführung ESUG wurde die Möglichkeit der Eigenverwaltung mittels der §§ 270a und b InsO gefördert.

§ 270 a InsO Eröffnungsverfahren.

(1) [1]Ist der Antrag des Schuldners auf Eigenverwaltung nicht offensichtlich aussichtslos, so soll das Gericht im Eröffnungsverfahren davon absehen,

1. dem Schuldner ein allgemeines Verfügungsverbot aufzuerlegen oder

2. anzuordnen, dass alle Verfügungen des Schuldners nur mit Zustimmung eines vorläufigen Insolvenzverwalters wirksam sind.

[2]Anstelle des vorläufigen Insolvenzverwalters wird in diesem Fall ein vorläufiger Sachwalter bestellt, auf den die §§ 274 und 275 entsprechend anzuwenden sind.

(2) Hat der Schuldner den Eröffnungsantrag bei drohender Zahlungsunfähigkeit gestellt und die Eigenverwaltung beantragt, sieht das Gericht jedoch die Voraussetzungen der Eigenverwaltung als nicht gegeben an, so hat es seine Bedenken dem Schuldner mitzuteilen und diesem Gelegenheit zu geben, den Eröffnungsantrag vor der Entscheidung über die Eröffnung zurückzunehmen

§ 270 b Vorbereitung einer Sanierung.

(1) [1]Hat der Schuldner den Eröffnungsantrag bei drohender Zahlungsunfähigkeit oder Überschuldung gestellt und die Eigenverwaltung beantragt und ist die angestrebte Sanierung nicht offensichtlich aussichtslos, so bestimmt das Insolvenzgericht auf Antrag des Schuldners eine Frist zur Vorlage eines Insolvenzplans. [2]Die Frist darf höchstens drei Monate betragen. [3]Der Schuldner hat mit dem Antrag eine mit Gründen versehene Bescheinigung eines in Insolvenzsachen erfahrenen Steuerberaters, Wirtschaftsprüfers oder Rechtsanwalts oder einer Person mit vergleichbarer Qualifikation vorzulegen, aus der sich ergibt, dass drohende Zahlungsunfähigkeit oder Überschuldung, aber keine Zahlungsunfähigkeit vorliegt und die angestrebte Sanierung nicht offensichtlich aussichtslos ist.

(2) [1]In dem Beschluss nach Absatz 1 bestellt das Gericht einen vorläufigen Sachwalter nach § 270a Absatz 1, der personenverschieden von dem Aussteller der Bescheinigung nach Absatz 1 zu sein hat. [2]Das Gericht kann von dem Vorschlag des Schuldners nur abweichen, wenn die vorgeschlagene Person offensichtlich für die Übernahme des Amtes nicht geeignet ist; dies ist vom Gericht zu begründen. [3]Das Gericht kann vorläufige Maßnahmen nach § 21 Absatz 1 und 2 Nummer 1a, 3 bis 5 anordnen; es hat Maßnahmen nach § 21 Absatz 2 Nummer 3 anzuordnen, wenn der Schuldner dies beantragt.

(3) [1]Auf Antrag des Schuldners hat das Gericht anzuordnen, dass der Schuldner Masseverbindlichkeiten begründet. [2]§ 55 Absatz 2 gilt entsprechend.

(4) [1]Das Gericht hebt die Anordnung nach Absatz 1 vor Ablauf der Frist auf, wenn

1.die angestrebte Sanierung aussichtslos geworden ist;

2.der vorläufige Gläubigerausschuss die Aufhebung beantragt oder

3.ein absonderungsberechtigter Gläubiger oder ein Insolvenzgläubiger die Aufhebung beantragt und Umstände bekannt werden, die erwarten lassen, dass die Anordnung zu Nachteilen für die Gläubiger führen wird;

der Antrag ist nur zulässig, wenn kein vorläufiger Gläubigerausschuss bestellt ist und die Umstände vom Antragsteller glaubhaft gemacht werden.

[2]Der Schuldner oder der vorläufige Sachwalter haben dem Gericht den Eintritt der Zahlungsunfähigkeit unverzüglich anzuzeigen. Nach Aufhebung der Anordnung oder nach Ablauf der Frist entscheidet das Gericht über die Eröffnung des Insolvenzverfahrens.

Demnach bedarf die Eigenverwaltung eines Antrags des Schuldners. Es dürfen keine Umstände bekannt sein, die erwarten lassen, dass die Anordnung zu Nachteilen für die Gläubiger führen wird. Ist der Antrag des Schuldners nicht offensichtlich aussichtslos, soll das Gericht bereits im Eröffnungsverfahren davon absehen, eine vorläufige Insolvenzverwaltung anzuordnen und stattdessen einen vorläufigen Sachwalter bestellen. Das Verfahren in Eigenverwaltung wurde gestärkt und seitdem häufiger beantragt und auch angeordnet. Wird das Verhältnis der Eigenverwaltungen seit 2012, also nach der Einführung ESUG betrachtet, so ist die Anzahl an eröffneten Verfahren in Eigenverwaltung im Verhältnis zu deutlich rückläufigen Zahlen an Insolvenzen stabil.[27]

[27] INDat-Report, Vier Jahre ESUG.

Unternehmensinsolvenzen*

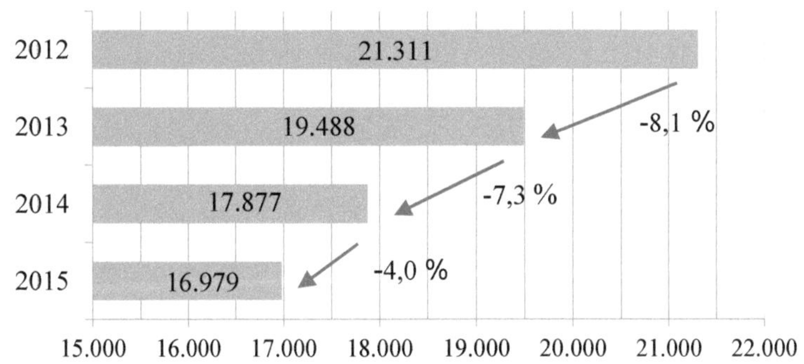

* Insolvenzen von Personen- und Kapitalgesellschaften (keine natürlichen Personen)

Quelle: StB, FS Insolvenz.

In den letzten vier Kalenderjahren sind die Gesamtzahlen an eröffneten Regelinsolvenzverfahren von Unternehmen von 21.311 im Jahr 2012 bis auf 16.979 im Jahr 2015 kontinuierlich um durchschnittlich 6,3% gesunken. Wird hingegen die Entwicklung der eigenverwalteten Insolvenzverfahren betrachtet, so ist trotz sinkender Zahlen der überhaupt eröffneten Verfahren in Eigenverwaltung, das Verhältnis mit einem durchschnittlichen Plus von 1.32 % solide.

Verfahren in Eigenverwaltung

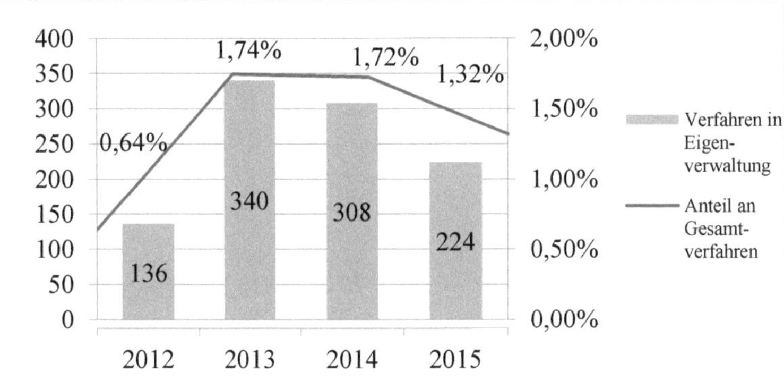

Quelle: INDat-Report, vier Jahre ESUG.

Im Ergebnis ist festzustellen, dass sich die Eigenverwaltung zwar langsam aber doch stetig wachsend einen festen Bestand im Insolvenzverfahren sichert. Es ist auch davon auszugehen, dass das eigenverwaltete Insolvenzverfahren in der Zukunft eine deutlich größere Rolle einnehmen wird. In der Praxis zeigen sich hierfür bereits die ersten Anzeichen.[28] Von daher erscheint es für die Rechtssicherheit wichtig, dass die Eigenverwaltung in Insolvenzverfahren einen höheren Bekanntheitsgrad erlangt als dies bisher der Fall war. So haben auch die bestellten Sachwalter, welche die Aufsichtsfunktion über den Eigenverwalter ausüben, im Jahre 2015 maximal sieben neu eröffnete Eigenverwaltungen zu betreuen.

Top 20 Sachwalter

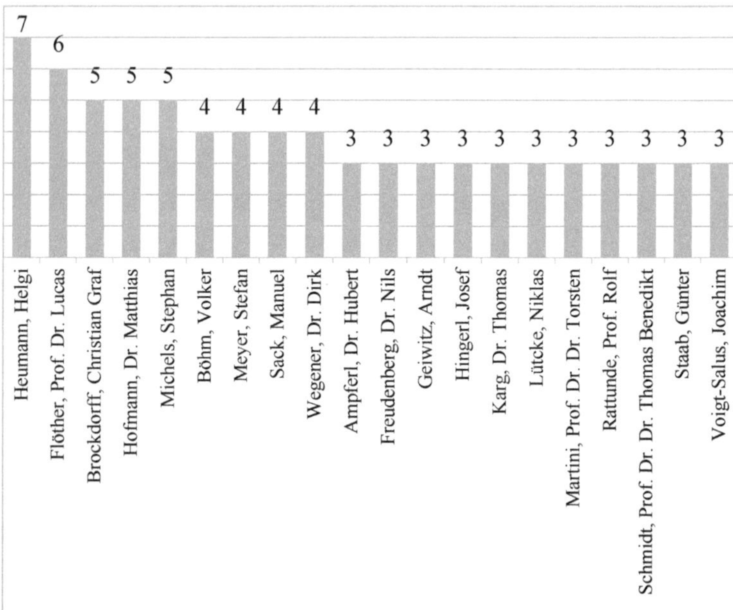

Quelle: INDat Statistik, Gesamtjahr 2015.

[28] Vgl. *Pape*, ZIP 2013, 2285,2286.

Im Vergleich zu den Sachwaltern haben die meist bestellten Insolvenzverwalter 2015 um die 60 neu angeordnete Regelinsolvenzen durchzuführen.[29]

Im folgenden Abschnitt soll daher ein kurzer Überblick über die Eigenverwaltung gegeben werden.

Ist ein Unternehmen von einer finanziellen Krise bedroht oder bereits zahlungsunfähig stehen oftmals der Sanierung im Rahmen eines Insolvenzverfahrens die einerseits hohen Verfahrenskosten und andererseits die Zwischenschaltung eines Insolvenzverwalters, der die Verwaltungs- und Verfügungsbefugnis (§ 80 InsO) erhält, entgegen.

§ 80 InsO Übergang des Verwaltungs- und Verfügungsrechts

(1) Durch die Eröffnung des Insolvenzverfahrens geht das Recht des Schuldners, das zur Insolvenzmasse gehörende Vermögen zu verwalten und über es zu verfügen, auf den Insolvenzverwalter über.

(2) [1]Ein gegen den Schuldner bestehendes Veräußerungsverbot, das nur den Schutz bestimmter Personen bezweckt (§§ 135, 136 des Bürgerlichen Gesetzbuchs[1]), hat im Verfahren keine Wirkung. [2]Die Vorschriften über die Wirkungen einer Pfändung oder einer Beschlagnahme im Wege der Zwangsvollstreckung bleiben unberührt.

[1)] Nr. 1.

Hauptmerkmal der Eigenverwaltung ist, dass die Verwaltungs- und Verfügungsbefugnis über das Vermögen, nicht auf einen Insolvenzverwalter übergeht, sondern der Schuldner berechtigt ist, die Insolvenzmasse zu verwalten und über sie zu verfügen. Dabei steht der Schuldner unter der Aufsicht eines Sachwalters. Die Eigenverwaltung kommt daher in der Praxis dann in Betracht, wenn die Erfahrungen und Kenntnisse der Geschäftsleitung weiter genutzt werden können und sollen. Insbesondere in den Fällen, in denen der

---

[29] INDat Statistik, 10/2015 S.10.

Schuldner oder die Geschäftsleitung das Vertrauen der Geschäftspartner besitzt und der Wechsel der Geschäftsführung auf einen Insolvenzverwalter für die Fortführung der Gesellschaft kontraproduktiv wäre.

Mit Anordnung der Eigenverwaltung bleiben die den Geschäftspartnern bekannten Personen erhalten. Mit der Bestellung des Sachwalters wird jedoch zugleich dafür Sorge getragen, dass die Voraussetzungen und Regelungen der Insolvenzordnung beachtet werden. Der Sachwalter überwacht den Schuldner bei der Ausführung seiner Aufgaben und sollte er Nachteile für die Gläubiger feststellen, muss er dies dem Gläubigerausschuss und dem Insolvenzgericht berichten. Der Gläubigerausschuss hat dann die Möglichkeit die Eigenverwaltung zu beenden. Der Sachwalter erhält in der Regel 60% der Vergütung, die ein Insolvenzverwalter erhalten würde, § 12 InsVV. Durch das Verfahren in Eigenverwaltung wird zum ersten die Einarbeitungszeit eines Fremdverwalters vermieden und zum zweiten werden 40 % des Vergütungsanspruchs, die ein Verwalter im Regelinsolvenzverfahren erhalten hätte, eingespart. Dadurch werden Aufwand und Kosten reduziert. Eigenverwaltung bedeutet, dass die Geschäftsführung eines Unternehmens die Möglichkeit erhält, das Insolvenzverfahren eigenständig unter Aufsicht durchzuführen, vgl. § 270 Abs.1 S. 1 InsO. Der Aufsichtführende wird als Sachwalter bezeichnet. Es handelt sich bei der Eigenverwaltung grundsätzlich um ein Regelinsolvenzverfahren, jedoch in einer speziellen Form.[30] Von daher ist der Zweck des Eigenverwaltungsverfahrens der gleiche wie derjenige des Regelinsolvenzverfahrens, die gemeinschaftliche, gleichmäßige und bestmögliche Befriedigung der Gläubiger durch Verwertung des Schuldnervermögens.

§ 1 InsO Ziele des Insolvenzverfahrens

[1]Das Insolvenzverfahren dient dazu, die Gläubiger eines Schuldners gemeinschaftlich zu befriedigen, indem das Vermögen des Schuldners verwertet und der Erlös verteilt oder in einem Insolvenzplan eine abweichende Regelung insbesondere zum Erhalt des Unternehmens getroffen

[30] *Schlegel*, EV in der Insolvenz, S. 51.

wird. [2]Dem redlichen Schuldner wird Gelegenheit gegeben, sich von seinen restlichen Verbindlichkeiten zu befreien.

Die Verwertung kann dabei entweder in Form der Liquidation des Schuldnervermögens oder in Form der Fortführung des schuldnerischen Unternehmens erfolgen, § 1 InsO.

Demnach ist die Eigenverwaltung bei beiden Verwertungsarten der schuldnerischen Gesellschaft möglich, aber besondere Bedeutung kommt der Eigenverwaltung vorrangig bei der Sanierung zu, da hier das Know-how des Schuldners und seine Leistungsbereitschaft am ehesten eingebracht werden können.[31]

Im Gegensatz zu einer Fremdverwaltung der Gesellschaft, wird so die Gefahr einer Zerschlagung bzw. Verwertung der Gesellschaft vermieden und die Geschäftsführung behält das Geschehen in der Hand. Auch kann die Geschäftsleitung selbst mit potenziellen Investoren verhandeln. Im Regelverfahren entscheidet hingegen allein der Insolvenzverwalter darüber, ob und wenn ja in welchem Umfang der Geschäftsbetrieb aufrechterhalten wird. Auch sind die Geschäftsleiter in Eigenverwaltung um einen zeitnahen Verfahrensabschluss bemüht, ist es doch weiterhin ihre Gesellschaft. Hingegen berechnet sich die Vergütung des Fremdverwalters unter anderem an der Verfahrensdauer. So können Insolvenzverfahren in Eigenverwaltung doch sehr viel schneller abgeschlossen werden, als Regelverfahren.

Die bereits abgeschlossenen Verfahren in Eigenverwaltung konnten im Durchschnitt innerhalb von neun Monaten durchgeführt werden im Gegensatz zum Durchschnitt von 56 Monaten Dauer eines konventionellen Insolvenzverfahrens.

Da wo auf das Know-how der Geschäftsleitung und das Vertrauen der Geschäftspartner gebaut werden kann und es eine konkrete Sanierungsperspektive der Gesellschaft gibt, die voraussichtlich einer dauerhaften Fortführung

[31] RegE Insolvenzordnung, BT-Drs. 12/2443, S. 226.

dient, sollte die Eigenverwaltung in Betracht gezogen werden. Das Insolvenzgericht und vor allem die Gläubiger sollten frühzeitig eingebunden werden, so baut doch die Eigenverwaltung auf Vertrauen, ist es doch in der Regel der Schuldner selbst der die Geschicke der Gesellschaft weiterhin lenkt.

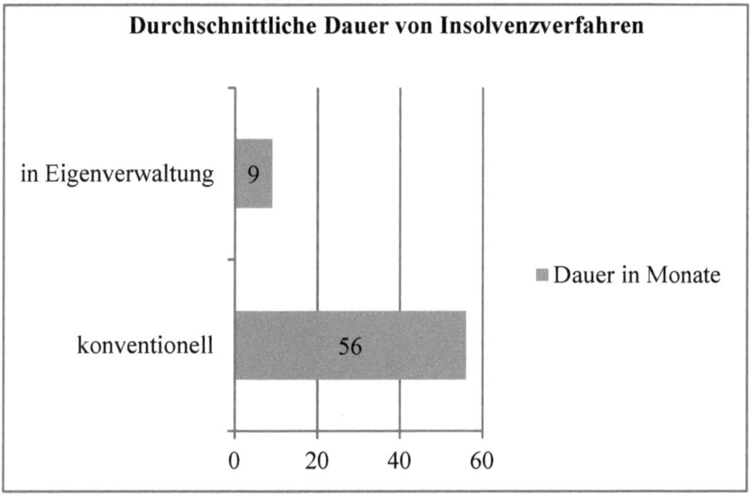

Quelle: StB, FS Insolvenz.

II Die Besonderheiten der Eigenverwaltung

In der Eigenverwaltung wird der Schuldner nicht durch den Insolvenzverwalter verdrängt, so dass ihm die Verwaltungs- und Verfügungsbefugnis über das zur Insolvenzmasse gehörende Vermögen bleibt. Somit wird insolventen Unternehmen die Möglichkeit gegeben, das Insolvenzverfahren selbständig, unter Überwachung eines Sachwalters abzuwickeln. Da dem Sachwalter gerade eine Aufsichtsfunktion zukommt, wird in der Regel der Schuldner die Rechte und Pflichten auszuüben haben, die im Regelverfahren einen Insolvenzverwalter träfen. Auf diese Weise erhofft sich der Gesetzgeber, dass der Schuldner Planungssicherheit erhält, den Insolvenzantrag nicht erst stellt, wenn das Vermögen gänzlich aufgebraucht ist und somit keine Chance zur Sanierung des Unternehmens mehr besteht.[32] Vorrangig kommt daher die Fortführung des schuldnerischen Unternehmens in Betracht.[33] Gleichwohl kommt die Eigenverwaltung auch in Form der Abwicklung von Unternehmen in Frage.[34] Durch die Verwertung des Schuldnervermögens soll eine gleichmäßige, gemeinschaftliche und bestmögliche Befriedigung der Gläubiger erfolgen.[35] Für das Verfahren in der Eigenverwaltung gelten zunächst die allgemeinen Vorschriften der Insolvenzordnung, § 270 Abs. 1 S. 2 InsO. In §§ 270 ff. InsO werden lediglich für einzelne Gebiete besondere Regelungen getroffen. Diese lassen sich in zwei wesentliche Bereiche unterteilen. Zum einen sind in §§ 270 bis 273 InsO die Voraussetzungen, die Anordnung und die Aufhebung für das Verfahren normiert. Zum anderen sind in §§ 274 bis 285 InsO die Aufgaben zwischen dem Sachwalter und dem Schuldner verteilt, welche im Regelinsolvenzverfahren vom Insolvenzverwalter wahrgenommen werden. Aufgrund der speziellen Art der Verfahrensdurchführung in der Eigenverwaltung ist durch Auslegung die Anwendbarkeit der allgemeinen Vorschriften zu ermitteln.[36]

Anders als im Regelverfahren, wo die Verwaltungs- und Verfügungsbefugnis gemäß § 80 InsO auf den Insolvenzverwalter übergeht, liegt diese in der Eigenverwaltung grundsätzlich beim Schuldner und berechtigt diesen, die Insolvenzmasse selbst zu verwalten und über sie zu verfügen. Hierbei stellt sich bei juristischen Personen die Frage, ist tatsächlich der Schuldner, also die Gesellschaft, der Eigenverwalter oder deren Geschäftsleiter. Ist doch eine juristische Person ohne ihre Geschäftsleiter handlungsunfähig.

Einerseits wird vertreten, dass die Geschäftsleiter zum Eigenverwalter bestellt werden.[37] Anderseits wird davon ausgegangen, dass die Gesellschaft selbst Inhaber des Eigenverwalteramtes ist.[38] In den §§ 270 ff. InsO ist stets

---

32 RegE Gesetz zur weiteren Erleichterung der Sanierung von Unternehmen, BT-Drs. 17/5712, S. 1 f.

33 RegE Insolvenzordnung, BT-Drs. 12/2443, S. 226.

34 *Schlegel*, EV in der Insolvenz, S. 50.

35 *Schlegel*, EV in der Insolvenz, S. 50.

36 *Haas*, in: Gottwald, InsR-Handbuch, § 86, Rn. 5a.

37 Kübler/Prüttig/Bork/*Pape*, InsO, § 276a, Rn. 22 f.

38 *Hofmann*, EV in der Insolvenz, S. 212; *Schlegel*, EV in der Insolvenz, S. 125.

vom Schuldner die Rede. Der Schuldner ist die Gesellschaft selbst und nicht deren geschäftsführende und vertretungsberechtigte Organe.[39] So ordnet beispielsweise § 270 Abs. 1 S. 1 InsO an, dass der Schuldner die Verwaltungs- und Verfügungsbefugnis hat.

§ 270 InsO Voraussetzungen

(1) [1]Der Schuldner ist berechtigt, unter der Aufsicht eines Sachwalters die Insolvenzmasse zu verwalten und über sie zu verfügen, wenn das Insolvenzgericht in dem Beschluß über die Eröffnung des Insolvenzverfahrens die Eigenverwaltung anordnet. [2]Für das Verfahren gelten die allgemeinen Vorschriften, soweit in diesem Teil nichts anderes bestimmt ist. [3]Die Vorschriften dieses Teils sind auf Verbraucherinsolvenzverfahren nach § 304 nicht anzuwenden.

(2) Die Anordnung setzt voraus,

1. daß sie vom Schuldner beantragt worden ist und

2. dass keine Umstände bekannt sind, die erwarten lassen, dass die Anordnung zu Nachteilen für die Gläubiger führen wird.

(3) [1]Vor der Entscheidung über den Antrag ist dem vorläufigen Gläubigerausschuss Gelegenheit zur Äußerung zu geben, wenn dies nicht offensichtlich zu einer nachteiligen Veränderung in der Vermögenslage des Schuldners führt. [2]Wird der Antrag von einem einstimmigen Beschluss des vorläufigen Gläubigerausschusses unterstützt, so gilt die Anordnung nicht als nachteilig für die Gläubiger.

(4) Wird der Antrag abgelehnt, so ist die Ablehnung schriftlich zu begründen; § 27 Absatz 2 Nummer 4 gilt entsprechend.

[39] *Saenger*, GesR, § 2, Rn. 15.

Daher spricht der Wortlaut der §§ 270 ff. InsO dafür, den Schuldner, somit die Gesellschaft selbst, als Eigenverwalter anzusehen.[40] Dass hingegen die Geschäftsleiter des Schuldners zum Eigenverwalter bestellt werden, begründet die Gegenansicht mit der Gesetzgebungsgeschichte. Die Kommission für Insolvenzrecht konstatierte, dass bei Einzelkaufleuten sowie Personenhandelsgesellschaften eine Selbstverwaltung aufgrund der sowieso unbeschränkt persönlichen Haftung ausscheide, hingegen die Geschäftsleiter einer Kapitalgesellschaft zum Selbstverwalter bestellt werden könnten.[41] Jedoch wurden diese Erwägungen in den Gesetzeswortlaut nicht übernommen. Daraus lässt sich schließen, dass dem Gesetzgeber diese Fragestellung gleichwohl bewusst war und er wissentlich nur den Schuldner im Gesetz benennt. Im Ergebnis spricht somit auch die Gesetzgebungsgeschichte für die Gesellschaft als Eigenverwalter. Der Gesetzgeber hat ferner davon abgesehen, unterschiedliche Verfahrensarten für die Insolvenz in der Eigenverwaltung von juristischen und natürlichen Personen zu bestimmen. Durch diese Unterlassung ist von einem einheitlichen Verfahrensablauf bei juristischen und natürlichen Personen auszugehen. Dies ist ein weiteres Argument dafür, auch einheitlich den Schuldner als Eigenverwalter anzusehen. Wie bereits ausgeführt, ist dies bei der Gesellschaft die Gesellschaft selbst. Im Ergebnis ist es daher zutreffend, der zweitgenannten Ansicht zu folgen, wonach die schuldnerische Gesellschaft und nicht deren Geschäftsleiter zum Eigenverwalter bestellt werden.

Umstritten ist ferner, ob der Schuldner die Verwaltungs- und Verfügungsbefugnis behält oder erhält. Damit einher geht die Frage nach der rechtlichen Grundlage der Verwaltungs- und Verfügungsbefugnis. Einerseits wird vertreten, dass der Schuldner die Verwaltungs- und Verfügungsbefugnis behält, welche er aufgrund seiner privatautonomen Rechtsmacht bereits vor Verfahrenseröffnung gesellschaftsrechtlich innehatte. Diese wird lediglich durch §§ 270 ff. InsO modifiziert.[42] Andererseits wird vertreten, dass dem Schuldner mit Verfahrenseröffnung die Verwaltungs- und Verfügungsmacht übertragen wird. Mit der Übertragung dieser haftungsrechtlichen

---

[40] So auch: *Schlegel*, EV in der Insolvenz, S. 125 f.

[41] BMJ, Erster Bericht der Kommission für Insolvenzrecht, S. 125 f.

[42] *Huhn,* EV im Insolvenzverfahren, Rn. 603.

Kompetenzen wird der Schuldner Amtswalter in eigenen Angelegenheiten.[43] Auf den ersten Blick scheint es ein theoretisches Problem zu sein, ist doch das Ergebnis - der Schuldner hat die Verwaltungs- und Verfügungsmacht - kein anderes. So hilft die Beantwortung dieser Frage jedoch bei der Klärung, weshalb der Eigenverwalter insolvenzspezifische Rechte und Pflichten - welche im Regelverfahren dem Insolvenzverwalter obliegen - wahrnehmen darf. Denn diese dem Schuldner übertragenen Rechte und Pflichten, ergeben sich gerade nicht aus seiner privatautonomen Rechtsmacht. In der Eigenverwaltung ist der Schuldner zur Betriebsfortführung oder zur Verwertung des Unternehmens berechtigt.[44] Eine Unternehmensfortführung oder die Abwicklung eines Unternehmens ist allerdings ohne dabei entstehende Kosten nicht denkbar. So müssen Versorgungsverträge oder Arbeitsverträge zur Fortführung aufrechterhalten bleiben oder aber auch Sachverständige zum Verkauf der Betriebsgegenstände engagiert werden. Dadurch entstehen neue Verbindlichkeiten. Zur Begründung dieser Verbindlichkeiten ist der Eigenverwalter nach § 55 Abs. 1 InsO berechtigt. Um nun eine Minderung der Insolvenzmasse durch Masseverbindlichkeiten zu vermeiden, stehen dem Insolvenzverwalter Sonderrechte zur Verfügung, welche im Fall der Eigenverwaltung nach § 279 S. 1 InsO der eigenverwaltende Schuldner auszuüben hat.[45] Zu diesen Sonderrechten gehören u.a. das Wahlrecht für Verträge, die bei der Verfahrenseröffnung nicht vollständig erfüllt sind, gemäß § 103 Abs. 1 InsO.

§ 103 InsO Wahlrecht des Insolvenzverwalters

(1) Ist ein gegenseitiger Vertrag zur Zeit der Eröffnung des Insolvenzverfahrens vom Schuldner und vom anderen Teil nicht oder nicht vollständig erfüllt, so kann der Insolvenzverwalter anstelle des Schuldners den Vertrag erfüllen und die Erfüllung vom anderen Teil verlangen.

---

[43] *Bierbach,* in: Kübler, HRI, § 11, Rn. 6 f.; Uhlenbruck/*Zipperer*, InsO, § 270, Rn. 12.

[44] *Hofmann*, Eigenverwaltung, Rn. 124.

[45] *Hofmann*, Eigenverwaltung, Rn. 137.

(2) [1]Lehnt der Verwalter die Erfüllung ab, so kann der andere Teil eine Forderung wegen der Nichterfüllung nur als Insolvenzgläubiger geltend machen. [2]Fordert der andere Teil den Verwalter zur Ausübung seines Wahlrechts auf, so hat der Verwalter unverzüglich zu erklären, ob er die Erfüllung verlangen will. Unterläßt er dies, so kann er auf der Erfüllung nicht bestehen.

Demnach kann der Eigenverwalter durch Erfüllungswahl den Vertrag zur Durchführung bringen oder aber die Erfüllung ablehnen.[46] Am Bestand des Vertrages ändert sich in beiden Fällen zwar nichts, jedoch wird durch die Erfüllungswahl die noch unbefriedigte Forderung in den Rang einer Masseverbindlichkeit erhoben.[47] Bei der Ablehnung der Erfüllung hingegen bleibt die Forderung als Insolvenzforderung bestehen. Auch ist das in § 109 Abs. 1 InsO normierte Sonderkündigungsrecht bei Mietverhältnissen eine insolvenzspezifische Befugnis. So hat der Eigenverwalter die Möglichkeit, Miet- und Pachtverträge, die er als Schuldner eingegangen ist und welche oftmals eine langjährige Miet- oder Pachtdauer vorsehen, vorzeitig zu beenden.[48] Somit können Vertragsverhältnisse, welche sich nicht mehr als zweckmäßig erweisen, jedoch noch finanzielle Verpflichtungen nach sich ziehen, zur Vermeidung unnötiger Kosten aufgegeben werden.

Dass der Schuldner die Verwaltungs- und Verfügungsbefugnis behält und somit die Privatautonomie erhalten bleibt, wird mit der fehlenden Sichtbarkeit des Wechsels der Verwaltungs- und Verfügungsmacht begründet.[49] Demnach ist der Schuldner nach wie vor Träger seiner privatautonomen Rechtsmacht. Nur die zusätzlichen insolvenzspezifischen Rechte und Pflichten, wie beispielsweise das Wahlrecht für noch nicht erfüllte Verträge gemäß § 103 InsO, würden durch den Anordnungsbeschluss konstitutiv

---

46 *Homann*, in: Mohrbutter/Ringstmeier, Insolvenzverwaltung, § 7, Rn. 6.

47 Vgl. *Homann*, in: Mohrbutter/Ringstmeier, Insolvenzverwaltung, § 7, Rn. 6.

48 *Hofmann*, Eigenverwaltung, Rn. 145 f.

49 *Pape*, in: Kölner Schrift, Rn. 39.

übertragen werden.[50] Dem anscheinend fehlenden Wechsel der Verwaltungs- und Verfügungsmacht kann die Entziehung der Befugnis mit sofortiger Rückübertragung entgegengehalten werden, die sog. juristische oder auch logische Sekunde. Demnach würde der Schuldner mit Verfahrenseröffnung die Verwaltungs- und Verfügungsbefugnis verlieren, um sie sodann mit der Anordnung der Eigenverwaltung zurück zu erhalten. So spricht auch die Möglichkeit, dass im Insolvenzantragsverfahren dem Schuldner nach § 21 Abs. 2 Nr. 2 Alt. 1 InsO die Verwaltungs- und Verfügungsbefugnis entzogen werden kann dafür, dass er diese mit Anordnung der Eigenverwaltung erhält. Auch kann die Eigenverwaltung gemäß § 271 InsO nachträglich angeordnet werden. Dies bedeutet, dass mit Insolvenzeröffnung dem Schuldner nach § 80 InsO die Verwaltungs- und Verfügungsbefugnis entzogen wird und später, ergo mit nachträglicher Anordnung der Eigenverwaltung, zurück übertragen wird. Dem Wortlaut des § 270 Abs. 1 S. 1 InsO ist ferner nicht zu entnehmen, dass der Schuldner seine Befugnis behält, sonst würde der anordnende Beschluss lediglich deklaratorische Wirkung entfalten.[51] Auch spricht die Entbindung der Einflussnahme des Aufsichtsrates, der Gesellschafterversammlung oder entsprechender Organe auf die Geschäftsführung gemäß § 276a InsO gegen ein Fortbestehen der Verwaltungs- und Verfügungsbefugnis des Schuldners.[52] Zutreffend ist, dass der Schuldner mit Anordnung der Eigenverwaltung die Verwaltungs- und Verfügungsbefugnis erhält. Dies kann zeitgleich mit dem Insolvenzeröffnungsbeschluss geschehen, muss aber nicht, da ebenso eine nachträgliche Anordnung möglich ist. Der Eigenverwalter wird durch diese Übertragung haftungsrechtlicher Kompetenzen Amtswalter in eigenen Angelegenheiten.[53]

Vom Rechtscharakter der Verwaltungs- und Verfügungsbefugnis des Schuldners ist die Rechtsstellung seiner Geschäftsleiter abzugrenzen. Mit Eröffnung des Insolvenzverfahrens werden juristische Personen aufgelöst, vgl. §§ 262 Abs. 1 Nr. 3 AktG, 60 Abs. 1 Nr. 4 GmbHG. Die vertraglichen

---

[50] *Huhn*, EV im Insolvenzverfahren, Rn. 603.

[51] Uhlenbruck/*Zipperer*, InsO, § 270, Rn. 12.

[52] *Bierbach*, in: Kübler, HRI, § 11, Rn. 7.

[53] Uhlenbruck/*Zipperer*, InsO, § 270, Rn. 12; *Bierbach*, in: Kübler, HRI, § 11, Rn. 6.

sowie die organschaftlichen Rechtsstellungen der Geschäftsleiter werden von der Eröffnung des Insolvenzverfahrens grundsätzlich nicht berührt. Dies gilt bei der Anordnung der Eigenverwaltung ebenfalls.[54] Mit Eröffnung des Insolvenzverfahrens wird der Gesellschaftszweck durch den Insolvenzzweck des § 1 InsO verdrängt.[55] Danach ist die bestmögliche Gläubigerbefriedigung Maßgabe jeglichen Verhaltens. Aufgrund der Treue- und Fürsorgepflicht der Geschäftsleiter gegenüber der Gesellschaft haben diese die allgemeine Aufgabe, sich bei der Erfüllung ihrer Rechte und Pflichten am Gesellschaftszweck zu orientieren.[56] Durch diese Kombination, der Bindung der Geschäftsleiter an den Gesellschaftszweck und der Verdrängung des Gesellschaftszwecks durch den Insolvenzzweck, kommt es zu einer Bindung der Geschäftsleiter an Letzteren.[57] Eine zusätzliche Überwachung der Geschäftsleiter durch den Aufsichtsrat, die Gesellschafterversammlung oder entsprechender Organe empfand der Gesetzgeber als kontraproduktiv.[58] Dies wurde in § 276a InsO zum Ausdruck gebracht.

§ 276a Mitwirkung der Überwachungsorgane

[1]Ist der Schuldner eine juristische Person oder eine Gesellschaft ohne Rechtspersönlichkeit, so haben der Aufsichtsrat, die Gesellschafterversammlung oder entsprechende Organe keinen Einfluss auf die Geschäftsführung des Schuldners. [2]Die Abberufung und Neubestellung von Mitgliedern der Geschäftsleitung ist nur wirksam, wenn der Sachwalter zustimmt. [3]Die Zustimmung ist zu erteilen, wenn die Maßnahme nicht zu Nachteilen für die Gläubiger führt.

---

54 *Hofmann*, EV in der Insolvenz, S. 206.

55 BGH, Urteil vom 11. November 1985, II ZR 37/85, BGHZ 96, 253, 255 f.

56 *Raiser/Vail*, Recht der Kapitalgesellschaften, § 14, Rn. 14.

57 *Haas*, in: Gottwald, InsR-Handbuch, § 87, Rn. 51.

58 RegE Gesetz zur weiteren Erleichterung der Sanierung von Unternehmen, BT-Drs. 17/5712, S. 42.

Damit wurde den Überwachungsorganen der Einfluss auf die Geschäftsführung untersagt. Im Fall von Interessenkollisionen zwischen den Gesellschaftsorganen und den Gläubigern, haben die Geschäftsleiter deshalb letzteren den Vorrang einzuräumen.[59] Dies wird nunmehr vom Sachwalter, § 274 Abs. 2 InsO, dem Gläubigerausschuss, § 276 InsO sowie der Gläubigerversammlung, vgl. § 277 InsO, überwacht.[60]

Zusammenfassend kann gesagt werden, dass die Besonderheit der Eigenverwaltung gegenüber dem Regelinsolvenzverfahren ist, dass der Schuldner die Verwaltungs- und Verfügungsbefugnis ausübt und nicht ein Insolvenzverwalter. Das Insolvenzrecht gibt dem Schuldner die Verwaltungs- und Verfügungsbefugnis und das Gesellschaftsrecht bestimmt, durch welches Organ sie ausgeübt wird.

Aus diesen Erkenntnissen können bereits die Richtungen der Haftungsregeln bestimmt werden. So kommen für den eigenverwaltenden Schuldner das Insolvenzrecht und für die Geschäftsleiter das Gesellschaftsrecht in Frage.

	Unternehmen	Einzelverfahren
Beantragte Eigenverwaltungen	773	1.008
Eröffnete Eigenverwaltungen	443	602
Aufgehobene Eigenverwaltungen	212	269

Quelle: INDat-Report, vier Jahre ESUG:

Rund 27 % der bislang beantragten eigenverwalteten Verfahren von Unternehmen sind bereits abgeschlossen. Insgesamt wurden bisher 773 Eigenverwaltungsverfahren von Unternehmen beantragt, davon wurden nur 443 in

59 *Haas,* in: Gottwald, InsR-Handbuch, § 90, Rn. 24.

60 *Landry*, in: Mohrbutter/Ringstmeier, Insolvenzverwaltung, § 15, Rn. 125.

Eigenverwaltung eröffnet. Dies bedeutet, nicht der Schuldner selbst behält das Geschehen in der Hand, sondern ein Insolvenzverwalter entscheidet über die Verwertung des Unternehmens.

Somit existiert in der Praxis ein hoher Anteil an gescheiterten Eigenverwaltungsverfahren.[61] Wenn etwas schief geht, schließt sich im Anschluss zwangsläufig die Frage an, wer für das Scheitern verantwortlich ist und somit auch die Frage, wer die Haftung übernimmt.

[61] INDAT-Report, Vier Jahre ESUG.

C Die Haftung in der Eigenverwaltung

Aus dem Ergebnis, dass im Eigenverwaltungsverfahren der Schuldner, seine Geschäftsleiter sowie der Sachwalter die Verfahrensakteure sind – im Regelverfahren hingegen zentral Handelnder der Insolvenzverwalter ist – ergibt sich die Notwendigkeit einer differenzierten Betrachtung der Haftung. Zum einen ist die Haftung des Schuldners und zum anderen die Haftung seiner handelnden Geschäftsleiter von besonderer Bedeutung. Ferner ist es aufgrund der Verteilung der Aufgaben zwischen dem Sachwalter sowie dem Schuldner für die präzise Herausarbeitung der Haftung des Schuldners erforderlich, die Haftung des Sachwalters darzustellen. Da diesem überwiegend eine Überwachungsfunktion zukommt und seine Haftung aufgrund seiner Stellung in der InsO klar geregelt ist, wird mit dem Sachwalter begonnen.

I Die Haftung des Sachwalters

Der Sachwalter haftet nach § 60 InsO i.V.m. § 274 Abs. 1 InsO. Sein Haftungsrisiko ist entsprechend dem auf Überprüfung und Überwachung (§ 274 Abs. 2 S. 1 InsO) eingegrenzten Tätigkeitskreis gerichtet.[62] Ausgehend von der Pflichtenstellung des Sachwalters, ordnet § 274 Abs. 1 InsO eine Haftung nach § 61 InsO für die Nichterfüllung von Masseverbindlichkeiten grundsätzlich nicht an. Ist es in der Eigenverwaltung doch der Schuldner, der nach § 275 Abs. 1 InsO befugt ist, Masseverbindlichkeiten i.S.v. § 55 Abs. 1 S. 1 InsO zu begründen. Zu diesen Masseverbindlichkeiten gehören beispielsweise Verträge, die nach Verfahrenseröffnung zur Betriebsfortführung abgeschlossen werden. Das Insolvenzgericht kann jedoch auf Antrag der Gläubigerversammlung die Zustimmungsbedürftigkeit des Sachwalters für bestimmte Rechtshandlungen des Schuldners anordnen, § 277 Abs. 1 InsO. So kann etwa die Begründung von Masseverbindlichkeiten summenmäßig beschränkt werden, d.h. übersteigt die Verbindlichkeit, die der Eigenverwalter eingeht, eine bestimmte Höhe, so ist die Zustimmung

[62] Kübler/Prütting/Bork/*Pape*, InsO, § 274, Rn. 53 f.

des Sachwalters erforderlich. Hat der Sachwalter infolgedessen der Begründung dieser Masseverbindlichkeit zugestimmt und kann diese aufgrund von Masseunzulänglichkeit nicht zum Ausgleich gebracht werden, haftet der Sachwalter jedoch nach § 61 InsO i.V.m. § 277 Abs. 1 S. 3 InsO auf Schadensersatz.

II Die Haftung des Eigenverwalters

Der eigenverwaltende Schuldner nimmt insolvenzspezifische Rechte und Pflichten wahr. Dazu gehören u.a. die Gestaltungsrechte der §§ 103 – 123 InsO. Beispielsweise hat der Eigenverwalter nach § 103 InsO bei gegenseitigen nicht erfüllten Verträgen ein Wahlrecht. Danach kann er entscheiden, ob ein Vertrag erfüllt werden soll oder nicht. Entscheidungsmaßstab bei Ausübung dieser Rechte und Pflichten ist die möglichst optimale Gläubigerbefriedigung. Dementsprechend müsste er als Gegenstück auch insolvenzrechtlich haften.[63] Zweck jedweder Haftungsnorm ist zum einen die Kompensation von entstandenen Schäden.[64] Andererseits stellt sie ein Mittel zur Verhaltenssteuerung und Disziplinierung dar.[65] Bei der Überlegung hinsichtlich der Haftung des Eigenverwalters ist zu beachten, dass im Gegensatz zur persönlichen Haftung des Insolvenzverwalters – dessen Vermögen als zusätzliche Haftungsmasse hinzutritt – der Eigenverwalter, sofern es sich um eine juristische Person handelt, keine zusätzliche Haftungsmasse hat. Nach § 35 InsO wird das gesamte schuldnerische Vermögen vom Insolvenzbeschlag erfasst.

> **§ 35 InsO Begriff der Insolvenzmasse**
>
> (1) Das Insolvenzverfahren erfaßt das gesamte Vermögen, das dem Schuldner zur Zeit der Eröffnung des Verfahrens gehört und das er während des Verfahrens erlangt (Insolvenzmasse).

63 *Thole/Brünkmans*, ZIP 2013, 1097, 1098.

64 *Bachmann*, ZIP 2015, 101.

65 Uhlenbruck/*Zipperer*, InsO, § 270, Rn. 18.

(2) [1]Übt der Schuldner eine selbstständige Tätigkeit aus oder beabsichtigt er, demnächst eine solche Tätigkeit auszuüben, hat der Insolvenzverwalter ihm gegenüber zu erklären, ob Vermögen aus der selbstständigen Tätigkeit zur Insolvenzmasse gehört und ob Ansprüche aus dieser Tätigkeit im Insolvenzverfahren geltend gemacht werden können. [2]§ 295 Absatz 3 gilt entsprechend. [3]Auf Antrag des Gläubigerausschusses oder, wenn ein solcher nicht bestellt ist, der Gläubigerversammlung ordnet das Insolvenzgericht die Unwirksamkeit der Erklärung an.

(3) [1]Die Erklärung des Insolvenzverwalters ist dem Gericht gegenüber anzuzeigen. [2]Das Gericht hat die Erklärung und den Beschluss über ihre Unwirksamkeit öffentlich bekannt zu machen.

Das bedeutet sämtliches Vermögen, welches dem Schuldner zum Zeitpunkt der Verfahrenseröffnung anhaftet und welches der Schuldner im Laufe des Verfahrens erlangt, wird der Insolvenzmasse zugerechnet. Daher würde bei der Haftung des Eigenverwalters lediglich eine Haftung der Insolvenzmasse des Schuldners in Betracht kommen.[66] Da dies für die Kompensation und Prävention nicht zielführend sei, komme es auf eine insolvenzspezifische Haftung nicht an, da die Insolvenzmasse bereits hafte.[67] Demgegenüber wird vertreten, dass es auf die Haftung des Eigenverwalters insofern ankomme, da nur durch die Entstehung der Masseverbindlichkeit aufgrund der Haftung des Eigenverwalters der Gesellschaft ein Schaden entstehe, welcher sodann im Innenverhältnis eine Organhaftung der Geschäftsleitung begründe.[68] So könnte die Haftung des Eigenverwalters auf die Geschäftsleiter übertragen und deren persönliche Haftung begründet werden. Den Gläubigern würde eine weitere Haftungsmasse zur Verfügung stehen, die der Geschäftsleiter. Als insolvenzspezifische Haftungsnormen würden §§ 60, 61 InsO in Betracht kommen, was nachfolgend untersucht werden soll.

---

66 *Hofmann*, EV in der Insolvenz, S. 100.

67 *Marotzke,* in: Gerhardt/Haarmeyer/Kreft, Festschrift Kirchhof, S. 349; *Bachmann*, ZIP 2015, 101, 104.

68 *Thole/Brünkmans*, ZIP 2013, 1097, 1106.

§ 60 InsO Haftung des Insolvenzverwalters

(1) [1]Der Insolvenzverwalter ist allen Beteiligten zum Schadenersatz verpflichtet, wenn er schuldhaft die Pflichten verletzt, die ihm nach diesem Gesetz obliegen. [2]Er hat für die Sorgfalt eines ordentlichen und gewissenhaften Insolvenzverwalters einzustehen.

(2) Soweit er zur Erfüllung der ihm als Verwalter obliegenden Pflichten Angestellte des Schuldners im Rahmen ihrer bisherigen Tätigkeit einsetzen muß und diese Angestellten nicht offensichtlich ungeeignet sind, hat der Verwalter ein Verschulden dieser Personen nicht gemäß § 278 des Bürgerlichen Gesetzbuchs zu vertreten, sondern ist nur für deren Überwachung und für Entscheidungen von besonderer Bedeutung verantwortlich.

§ 61 InsO Nichterfüllung von Masseverbindlichkeiten

[1]Kann eine Masseverbindlichkeit, die durch eine Rechtshandlung des Insolvenzverwalters begründet worden ist, aus der Insolvenzmasse nicht voll erfüllt werden, so ist der Verwalter dem Massegläubiger zum Schadenersatz verpflichtet. [2]Dies gilt nicht, wenn der Verwalter bei der Begründung der Verbindlichkeit nicht erkennen konnte, daß die Masse voraussichtlich zur Erfüllung nicht ausreichen würde.

Diese Normen sind im Regelverfahren die zentralen Anspruchsgrundlagen für Schadensersatzansprüche gegen den Insolvenzverwalter, zum einen für Verletzungen der Pflichten, die ihm nach der InsO auferlegt sind (§ 60 Abs. 1 InsO) und zum anderen für die Nichterfüllung von Masseverbindlichkeiten, die durch ihn begründet wurden (§ 61 InsO). Für das Eigenverwaltungsverfahren stellt sich die Frage, ob diese besondere Form der Haftung den Eigenverwalter trifft, da er derjenige ist, dem diese Aufgaben und Pflichten obliegen. Da diese Haftungsnormen ausdrücklich nur den Insolvenzverwalter benennen, scheidet eine unmittelbare Anwendung aus. Denkbar erscheint jedoch eine mittelbare Anwendung.

1 Anwendbarkeit §§ 60 Abs. 1, 61 i.V.m. 270 Abs. 1 S. 2 InsO

Die Vorschriften der §§ 60 Abs. 1, 61 InsO könnten über die Verweisung in § 270 Abs. 1 S. 2 InsO zur Anwendung kommen. Vertreten wird dies mit dem Gleichlauf der Rechtsstellung des Eigenverwalters und des Insolvenzverwalters. Ferner wird angeführt, dass es zu einer Haftung des Schuldners nach §§ 60 Abs. 1, 61 i.V.m. 270 Abs. 1 S. 2 InsO kommen müsse, wenn dieser durch seine Handlungen gegen den Insolvenzzweck verstoße.[69] Fraglich erscheint an dieser Stelle, ob § 270 Abs. 1 S. 2 InsO tatsächlich auf §§ 60 Abs. 1, 61 InsO verweist.

Dem Wortlaut ist zu entnehmen, dass die allgemeinen Vorschriften Anwendung finden sollen, soweit keine speziellen Regelungen vorhanden sind. Eine spezielle Haftungsregelung des Eigenverwalters ist in §§ 270 ff. InsO nicht vorhanden. Die Verweisung auf die allgemeinen Vorschriften stimmt wörtlich mit der Überschrift der §§ 1 bis 10 InsO überein. Demnach wären über den Verweis in § 270 Abs. 1 S. 2 InsO lediglich die §§ 1 bis 10 InsO kongruent anwendbar. Dass die allgemeinen Vorschriften des ersten Teils aber auf alle nachfolgend dargestellten Verfahren anwendbar sind, versteht sich von selbst. Damit wäre die Verweisung überflüssig.[70] Trotzdem erfolgt aus dem Wortlaut heraus eine gewisse Einschränkung. Eine allgemeine Norm muss grundsätzlich Fragestellungen mehrerer Teilbereiche eines Gebietes einheitlich beantworten können. Die §§ 60, 61 InsO betreffen nur das Regelinsolvenzverfahren, da es im Eigenverwaltungsverfahren keinen Insolvenzverwalter gibt. Wie bereits dargestellt werden die Aufgaben im Eigenverwaltungsverfahren zwischen dem Sachwalter und dem Schuldner aufgeteilt. Daher kann der eigenverwaltende Schuldner nicht mit dem Insolvenzverwalter gleichgesetzt werden.[71] Nach dem Wortlaut wäre es demnach unzutreffend, die §§ 60, 61 InsO über die Verweisung des § 270 Abs. 1 S. 2 InsO anzuwenden.

---

[69] *Jungmann*, NZI 2009, 80, 85; *Huhn*, EV im Insolvenzverfahren, Rn. 625.

[70] *Schlegel*, EV in der Insolvenz, S. 103.

[71] *Flöther*, in: Kübler, HRI, § 17, Rn. 5.

Im Hinblick auf die Entstehungsgeschichte kann aus den Gesetzgebungsmaterialien kein Hinweis auf die Erfassung der §§ 60, 61 InsO über den Verweis § 270 Abs. 1 S. 2 InsO abgeleitet werden.

Bei der systematischen Betrachtungsweise kommt vor allem dem § 274 Abs. 1 InsO Bedeutung zu.

> **§ 274 InsO Rechtsstellung des Sachwalters**
>
> (1) Für die Bestellung des Sachwalters, für die Aufsicht des Insolvenzgerichts sowie für die Haftung und die Vergütung des Sachwalters gelten § 27 Absatz 2 Nummer 4, § 54 Nummer 2 und die §§ 56 bis 60, 62 bis 65 entsprechend.
>
> (2) [1]Der Sachwalter hat die wirtschaftliche Lage des Schuldners zu prüfen und die Geschäftsführung sowie die Ausgaben für die Lebensführung zu überwachen. [2]§ 22 Abs. 3 gilt entsprechend.
>
> (3) [1]Stellt der Sachwalter Umstände fest, die erwarten lassen, daß die Fortsetzung der Eigenverwaltung zu Nachteilen für die Gläubiger führen wird, so hat er dies unverzüglich dem Gläubigerausschuß und dem Insolvenzgericht anzuzeigen. [2]Ist ein Gläubigerausschuß nicht bestellt, so hat der Sachwalter an dessen Stelle die Insolvenzgläubiger, die Forderungen angemeldet haben, und die absonderungsberechtigten Gläubiger zu unterrichten.

Danach kommen für die Haftung des Sachwalters §§ 60, 62 InsO entsprechend zur Anwendung. Dem lässt sich entnehmen, dass der Gesetzgeber die Anwendbarkeit der insolvenzrechtlichen Haftungsnormen im Eigenverwaltungsverfahren durchaus bedacht hat. Auch kann daraus gefolgert werden, dass eine Übertragung der Haftungsnormen auf andere Personen grundsätzlich möglich ist.[72] Würde nun § 270 Abs. 1 S. 2 InsO einen Verweis auf die

[72] *Schlegel*, EV in der Insolvenz, S. 181.

§§ 60, 61 InsO enthalten, wäre § 274 Abs. 1 InsO überflüssig, da dem Sachwalter die Haftung bereits nach § 60 InsO zugeordnet ist. Ein anderes Bild würde sich ergeben, wenn davon auszugehen ist, dass § 270 Abs. 1 S. 2 InsO lediglich auf den Schuldner anzuwenden sei. Jedoch ist die Verweisung gemäß ihrem ausdrücklichen Wortlaut nicht auf den Eigenverwalter, sondern auf das Eigenverwaltungsverfahren gerichtet.

Zusätzlich spricht auch die Regelung des § 60 Abs. 2 InsO gegen die Einordnung der §§ 60, 61 InsO als allgemeine Vorschriften im Sinne des § 270 Abs. 1 S. 2 InsO.[73] Nach § 60 Abs. 2 InsO hat der Insolvenzverwalter ein Verschulden von Angestellten des Schuldners entgegen § 278 BGB nicht zu vertreten, wenn er diese im Rahmen ihrer bisherigen Tätigkeit einsetzen muss und die Angestellten nicht offensichtlich ungeeignet sind. Diese Norm wurde eingeführt, weil dem Insolvenzverwalter bei seiner Amtsübernahme die wirtschaftlichen und rechtlichen Verhältnisse des Schuldners nicht bekannt sind.[74] Dies trifft jedoch nicht auf den eigenverwaltenden Schuldner zu, da dieser seine Angestellten vor dem Insolvenzverfahren selbst ausgewählt hat. Eine Haftungsprivilegierung, wie § 60 Abs. 2 InsO sie für den Insolvenzverwalter vorsieht, ist bei der Anwendung auf den eigenverwaltenden Schuldner nicht gerechtfertigt.[75] Daher spricht auch die systematische Betrachtungsweise gegen eine Einordnung der §§ 60, 61 InsO im Sinne der Verweisung des § 270 Abs. 1 S. 2 InsO.

Somit kann eine Haftung des Eigenverwalters nach §§ 60 Abs. 1, 61 i.V.m. 270 Abs. 1 S. 2 InsO nicht begründet werden. Es kommt allenfalls eine analoge Anwendung der §§ 60, 61 InsO auf den eigenverwaltenden Schuldner in Betracht.

2 Anwendbarkeit §§ 60 Abs. 1, 61 InsO analog

Die analoge Anwendung der §§ 60 Abs. 1, 61 InsO auf den Eigenverwalter setzt eine planwidrige Regelungslücke sowie eine vergleichbare - mit der

---

73 *Schlegel*, EV in der Insolvenz, S. 170.

74 RegE Insolvenzordnung, BT-Drs. 12/2443, S. 129.

75 *Hofmann*, EV in der Insolvenz, S. 102.

von §§ 60 Abs. 1, 61 InsO im Regelverfahren berücksichtigten - Situation voraus.

Wie soeben festgestellt, erfasst die Verweisung in § 270 Abs. 1 S. 2 InsO nicht die Vorschriften der §§ 60 Abs. 1, 61 InsO. Auch enthalten die §§ 270 ff. InsO keine Haftungsvorschriften für das Eigenverwaltungsverfahren. Demnach fehlt es an einer gesetzlichen Regelung hinsichtlich der Haftung des Eigenverwalters. Weiterhin muss die Regelungslücke planwidrig sein. Dies ist der Fall, wenn der Gesetzgeber unbewusst auf die Regelung verzichtet hat. Ein Grund für solch eine Entsagung kann in anderweitig vorhandenen Schutzvorschriften liegen. Potenziell können hier die allgemeinen zivilrechtlichen Normen in Erwägung gezogen werden. Diese umfassen die Vertrags- sowie Deliktshaftung. Daher wird nachstehend untersucht, in welchem Umfang die Gläubiger im Fall von Pflichtverletzungen und bei der Nichterfüllung von Masseverbindlichkeiten durch die vertraglichen, wie auch deliktischen Haftungsnormen geschützt sind.

a) Die Vertragshaftung

Eine Haftung des Eigenverwalterss nach § 280 Abs. 1 BGB kommt in Betracht, wenn der eigenverwaltende Schuldner eine aus der Eigenverwaltung resultierende Pflicht verletzt. Zusätzlich muss er diese Pflichtverletzung zu vertreten haben.

§ 280 BGB Schadensersatz wegen Pflichtverletzung

(1) [1]Verletzt der Schuldner eine Pflicht aus dem Schuldverhältnis, so kann der Gläubiger Ersatz des hierdurch entstehenden Schadens verlangen. [2]Dies gilt nicht, wenn der Schuldner die Pflichtverletzung nicht zu vertreten hat.

(2) Schadensersatz wegen Verzögerung der Leistung kann der Gläubiger nur unter der zusätzlichen Voraussetzung des § 286 verlangen.

> (3) Schadensersatz statt der Leistung kann der Gläubiger nur unter den zusätzlichen Voraussetzungen des § 281, des § 282 oder des § 283 verlangen.

Für die Bestimmung der Pflichtverletzung ist es notwendig, das erforderliche Schuldverhältnis genau zu betrachten. Mit dem Eröffnungsbeschluss des Insolvenzverfahrens und gleichzeitiger Anordnung der Eigenverwaltung, entsteht ein gesetzliches Schuldverhältnis. Dieses verpflichtet den Eigenverwalter gegenüber den Insolvenzgläubigern, die Insolvenzmasse bestmöglich in ihrem Sinne zu verwerten, vgl. § 1 InsO. Hiervon sind demnach nicht die vor Verfahrenseröffnung begründeten Schuldverhältnisse, die meist vertraglicher Natur sind, wie beispielsweise der Abschluss von Versorgungsverträgen zur Betreibung der Betriebsräume, erfasst. Auch wenn die Person des Schuldners und des Eigenverwalters identisch ist, muss bei dem Schuldverhältnis genau auf den Zeitpunkt der Entstehung abgestellt werden. Dies ist erst mit Verfahrenseröffnung der Fall. Denkbar ist demnach eine Haftung des Eigenverwalters nach § 280 Abs. 1 BGB, wenn er eine Pflichtverletzung aus dem gesetzlichen Schuldverhältnis zu vertreten hat. Das kann beispielsweise der Fall sein, wenn der Eigenverwalter im Rahmen der Verwertung der Büro- und Geschäftsausstattung des Betriebes Gegenstände bewusst unter dem maximal zu erzielenden Wert veräußert, weil der Käufer sein bester Freund ist. Sollte infolgedessen die Insolvenzmasse nicht mehr zur Befriedigung der Verbindlichkeiten ausreichen, liegt die Anwendung des § 280 Abs. 1 BGB nahe.

Auch kommt eine Haftung des Eigenverwalters nach § 280 Abs. 1 BGB im Zusammenhang mit der Begründung von Masseverbindlichkeiten in Betracht. Insbesondere sind die Fälle denkbar, in denen der Eigenverwalter zur Betriebsfortführung Verträge abschließt, welche er im Anschluss aufgrund von Masseunzulänglichkeit nicht vollständig erfüllen kann. Hat der Eigenverwalter dies zu vertreten, haftet er dem Vertragspartner nach § 280 Abs. 1 BGB. Für diese Fälle kommt schon eine Haftung nach §§ 280 Abs. 1 i.V.m. 241 Abs. 2 i.V.m. 311 Abs. 2 BGB in Betracht, wenn der Eigenverwalter bei Vertragsschluss den Vertragspartner nicht darüber aufgeklärt hat, dass er die Verbindlichkeit voraussichtlich nicht vollständig erfüllen kann.

§ 241 BGB Pflichten aus dem Schuldverhältnis

(1) Kraft des Schuldverhältnisses ist der Gläubiger berechtigt, von dem Schuldner eine Leistung zu fordern. Die Leistung kann auch in einem Unterlassen bestehen.

(2) Das Schuldverhältnis kann nach seinem Inhalt jeden Teil zur Rücksicht auf die Rechte, Rechtsgüter und Interessen des anderen Teils verpflichten.

§ 311 BGB Rechtsgeschäftliche und rechtsgeschäftsähnliche Schuldverhältnisse

(1) Zur Begründung eines Schuldverhältnisses durch Rechtsgeschäft sowie zur Änderung des Inhalts eines Schuldverhältnisses ist ein Vertrag zwischen den Beteiligten erforderlich, soweit nicht das Gesetz ein anderes vorschreibt.

(2) Ein Schuldverhältnis mit Pflichten nach § 241 Abs. 2 entsteht auch durch

1. die Aufnahme von Vertragsverhandlungen,

2. die Anbahnung eines Vertrags, bei welcher der eine Teil im Hinblick auf eine etwaige rechtsgeschäftliche Beziehung dem anderen Teil die Möglichkeit zur Einwirkung auf seine Rechte, Rechtsgüter und Interessen gewährt oder ihm diese anvertraut, oder

3. ähnliche geschäftliche Kontakte.

(3) [1]Ein Schuldverhältnis mit Pflichten nach § 241 Abs. 2 kann auch zu Personen entstehen, die nicht selbst Vertragspartei werden sollen. [2]Ein

solches Schuldverhältnis entsteht insbesondere, wenn der Dritte in besonderem Maße Vertrauen für sich in Anspruch nimmt und dadurch die Vertragsverhandlungen oder den Vertragsschluss erheblich beeinflusst.

Im Zwischenergebnis ist daher festzustellen, dass eine Haftung des Eigenverwalters für die Verletzung seiner Pflicht sowie der Nichterfüllung von Masseverbindlichkeiten nach § 280 Abs. 1 BGB und § 280 Abs. 1 i.V.m. § 241 Abs. 2 i.V.m. § 311 Abs. 2 BGB grundsätzlich möglich ist.

b) Die Deliktshaftung

Eine Haftung des Eigenverwalters kann sich auch aus dem Recht der unerlaubten Handlungen ergeben. Hierbei erscheinen verschiedene Anspruchsgrundlagen möglich. Zum ersten kann sich die Haftung aus § 823 Abs. 1 BGB bei Verletzung eines absoluten oder sonstigen Rechts ergeben. Zum zweiten besteht die Möglichkeit, dass der Eigenverwalter ein Schutzgesetz i.S.d. § 823 Abs. 2 BGB verletzt. Auch die Haftung für Verrichtungsgehilfen gemäß § 831 BGB kann bei einer juristischen Person in der Rolle des Eigenverwalters nicht ausgeschlossen werden, so muss sich diese doch der Hilfe von handelnden Personen bedienen. Letztlich ist eine vorsätzliche sittenwidrige Schädigung durch den eigenverwaltenden Schuldner nach § 826 BGB vorstellbar.

Als Anspruchsgrundlage für die deliktische Haftung des Eigenverwalters ist zunächst § 823 Abs. 1 BGB zu prüfen.

§ 823 BGB Schadensersatzpflicht

(1) Wer vorsätzlich oder fahrlässig das Leben, den Körper, die Gesundheit, die Freiheit, das Eigentum oder ein sonstiges Recht eines anderen widerrechtlich verletzt, ist dem anderen zum Ersatz des daraus entstehenden Schadens verpflichtet.

(2) [1]Die gleiche Verpflichtung trifft denjenigen, welcher gegen ein den Schutz eines anderen bezweckendes Gesetz verstößt. [2]Ist nach dem Inhalt

des Gesetzes ein Verstoß gegen dieses auch ohne Verschulden möglich, so tritt die Ersatzpflicht nur im Falle des Verschuldens ein.

Diese Haftungsnorm greift, wenn der Eigenverwalter ein absolutes oder sonstiges Recht schuldhaft verletzt. Zu den geschützten Rechtsgütern gehören Leben, Körper, Gesundheit, Freiheit und Eigentum. Als sonstige Rechte sind alle Rechte geschützt, die gegenüber Jedermann Geltung beanspruchen und denselben Charakter wie das Eigentum haben.[76] Also gegenüber den relativen Rechten absoluten Schutz umfassen. Das Vermögen wird weder über die absoluten noch die sonstigen Rechte von § 823 Abs. 1 BGB erfasst.[77] Mithin ist das Vermögen in seiner Gesamtheit nicht vom Deliktsschutz erfasst. Im Eigenverwaltungsverfahren kommt infolgedessen dem Eigentum besondere Bedeutung zu, welches nun genauer betrachtet werden soll. Der Verkäufer, der seine Ware unter Eigentumsvorbehalt (§ 449 BGB) veräußert, bleibt bis zur vollständigen Kaufpreiszahlung Eigentümer der Sache. Damit ist das Vorbehaltseigentum von § 823 Abs. 1 BGB erfasst.[78] Weil es sich ferner auch bei Sicherungseigentum um ein vollwertiges Eigentum handelt, wird es ebenfalls durch § 823 Abs. 1 BGB geschützt.[79] Eine Verletzung des Eigentums kann durch Vernichtung oder Beschädigung erfolgen. Im Insolvenzverfahren kommt zudem der Verletzung des Eigentums weitaus mehr Bedeutung zu, wenn der Eigenverwalter die Sache im Rahmen der Betriebsverwertung als Insolvenzmasse verkauft.[80] Im Ergebnis würde der Schuldner in der Eigenverwaltung haften, wenn dieser das Eigentum, das Vorbehaltseigentum sowie das Sicherungseigentum eines Gläubigers verletzt. Neben dem Eigentum sind die sonstigen Rechte i.S.v. § 823 Abs. 1 BGB im Eigenverwaltungsverfahren hervorzuheben. Zu diesen gehören u.a. das Pfandrecht, das Grundpfandrecht mithin die Hypothek

---

76 Palandt/*Sprau*, BGB, § 823, Rn. 11.
77 Palandt/*Sprau*, BGB, § 823, Rn. 8 ff.
78 Palandt/*Sprau*, BGB, § 823, Rn. 7.
79 MüKo-BGB/*Wagner*, § 823, Rn. 170.
80 BGH, Urteil vom 09. Mai 1996, IX ZR 244/95, NJW 1996, 2233.

und Grundschuld als dingliche Rechte, sowie dingliche Anwartschaftsrechte, wie beispielsweise das Recht auf Erwerb des Eigentums, eines unter Eigentumsvorbehalt verkauften Gegenstandes.[81] Daher kommt es ebenfalls zu einer Haftung des Eigenverwalters, wenn einem Gläubiger eines dieser Rechte zusteht und der Eigenverwalter dieses schuldhaft verletzt. Die Verletzung kann hierbei - wie beim Eigentum – in der Beschädigung oder Vernichtung sowie der Veräußerung des Rechts liegen. Fraglich erscheint an dieser Stelle, ob jegliche Aus- und Absonderungsrechte der Gläubiger durch § 823 Abs. 1 BGB geschützt sind. Sobald das Aus- und Absonderungsrecht, wie soeben dargestellt, auf einem dinglichen Recht beruht, stellt sich die Frage nicht. Jedoch wäre beispielsweise auch ein Aussonderungsrecht aufgrund von Miete, Leihe oder Hinterlegung nach §§ 546, 604, 695 BGB denkbar. Wie bereits erläutert sind nur Rechte, die gegenüber Jedermann zu beachten sind, sonstige Rechte bzw. absolute Rechte i.S.v. § 823 Abs. 1 BGB.[82] Ein Aus- und Absonderungsrecht beansprucht aber nicht gegenüber Jedermann Geltung, sondern nur gegenüber der schuldnerischen Gesellschaft. Dabei handelt es sich um ein relatives Recht, welches von § 823 Abs. 1 BGB nicht erfasst ist.[83]

Zusammenfassend kann gesagt werden, dass der Eigenverwalter gegenüber den Gläubigern nach § 823 Abs. 1 BGB haftet, wenn er ein absolutes oder sonstiges Recht im Sinne dieser Norm verletzt. Im Rahmen des Eigenverwaltungsverfahrens ist besonders hervorzuheben, dass auch Vorbehalts- und Sicherungseigentum von § 823 Abs. 1 BGB geschützt wird und die Verletzung eines sonstigen Rechts insbesondere Pfandrechte, Hypotheken, Grundschulden oder dingliche Anwartschaftsrechte umfasst.

Eine deliktische Haftung des Eigenverwalters nach § 823 Abs. 2 BGB sollte ebenfalls beachtet werden. Dazu ist die Verletzung eines Schutzgesetzes maßgebliche Voraussetzung. Hierbei stellt sich die Frage, ob die Vorschriften der InsO, welche dem Eigenverwalter die insolvenzspezifischen Pflich-

---

81 Palandt/*Sprau*, BGB, § 823, Rn. 12.
82 Palandt/*Sprau*, BGB, § 823, Rn. 11.
83 MüKo-BGB/*Wagner*, § 823, Rn. 223.

ten auferlegen, unmittelbar als Schutzgesetze i.S.v. § 823 Abs. 2 BGB einzuordnen sind. Einerseits wird die Eigenschaft als Schutzgesetz uneingeschränkt bejaht.[84] Andererseits wird dies mit der Begründung, dass diese insolvenzspezifischen Pflichten nicht ausreichend konkretisiert sind, um die Schutzgesetzeigenschaft zu bestätigen, abgelehnt.[85] Um diese Frage beantworten zu können, erscheint es notwendig, auf die allgemeinen Grundsätze zurückzugreifen. Demnach setzt die Einordnung als Schutzgesetz i.S.v. § 823 Abs. 2 BGB voraus, dass es sich um ein Gesetz handelt. Als Gesetz ist jede Rechtsnorm anzusehen.[86] Mithin kommen die Vorschriften der InsO als Schutzgesetze in Betracht. Weiterhin muss das Gesetz ein bestimmtes Verhalten ge- oder verbieten.[87] Die einzelnen Normen der InsO, die dem Schuldner bestimmte Pflichten auferlegen, lassen sich teilweise jedoch erst im Wege der Auslegung ermitteln bzw. wurden durch Rechtsprechung und Schrifttum entwickelt.[88] Mitunter gelangen Rechtsprechung und Schrifttum zu unterschiedlichen Ergebnissen. Demzufolge kann nicht in jedem Fall davon ausgegangen werden, dass die Normen der InsO ein bestimmtes Verhalten ge- oder verbieten. Die Einordnung sämtlicher Vorschriften der InsO als Schutzgesetz i.S.v. § 823 Abs. 2 BGB erscheint daher zweifelhaft. Daneben hat der Gesetzgeber jedoch auch ausdrückliche Pflichten angeordnet. Beispielsweise kommt § 160 InsO über den Verweis des § 276 S. 2 InsO zur Anwendung.[89] Demnach ist der Eigenverwalter verpflichtet, bei besonderen Rechtshandlungen die Zustimmung des Sachwalters einzuholen. Hier wird vom Gesetzgeber zweifelsfrei eine Pflicht statuiert, die ferner dem Schutz von Individualinteressen dient.[90] Eine Verletzung dieser Pflicht könnte durchaus eine Haftung nach § 823 Abs. 2 BGB begründen. Aufgrund dieser Ergebnisse ist eine uneingeschränkte Einordnung der insolvenzspezifischen Pflichten als Schutzgesetze i.S.v. § 823 Abs. 2 BGB abzu-

---

84 *Götker*, Der GF in der Insolvenz der GmbH, Rn. 1003 f.

85 *Hofmann*, EV in der Insolvenz, S. 109 f.

86 Palandt/*Sprau*, BGB, § 823, Rn. 56a.

87 *Spickhoff*, in: Soergel, BGB, § 823, Rn. 194.

88 *Hofmann*, EV in der Insolvenz, S. 109 f.

89 *Flöther*, in: HRI, § 18, Rn. 15.

90 *Flöther*, in: HRI, § 18, Rn. 15.

lehnen. Jedoch ist es auch nichtzutreffend, die insolvenzspezifischen Pflichten nicht in den Anwendungsbereich des § 823 Abs. 2 BGB einzuordnen. Vielmehr ist in jedem Einzelfall zu prüfen, ob die besagte Pflicht, welche verletzt wurde, ausreichend konkretisiert ist und als Schutzgesetz i.S.d. § 823 Abs. 2 BGB eingeordnet werden kann. Demnach kommt es zu einer Haftung des Eigenverwalters, wenn er eine konkrete Vorschrift der InsO, die ihm eine bestimmte Pflicht auferlegt hat, rechtswidrig und schuldhaft verletzt. Ferner muss dabei ein Schaden, der durch die Pflichtverletzung verursacht wurde, entstanden sein. Denkbar wäre hier beispielsweise eine Pflichtverletzung im Rahmen der insolvenzrechtlichen Pflicht zur Rechnungslegung, welche sich aus § 281 Abs. 3 S. 1 i.V.m. § 66 InsO für den Eigenverwalter ergibt.

Als eigene Anspruchsgrundlage kommt ebenfalls § 831 BGB zur Anwendung, wonach der Eigenverwalter für seine gewählten Verrichtungsgehilfen haftet.

Neben der deliktischen Haftung nach § 823 BGB erscheint auch eine Haftung nach § 826 BGB für vorsätzliche und sittenwidrige Schädigung denkbar.

§ 826 BGB Sittenwidrige vorsätzliche Schädigung

Wer in einer gegen die guten Sitten verstoßenden Weise einem anderen vorsätzlich Schaden zufügt, ist dem anderen zum Ersatz des Schadens verpflichtet.

Ein Verstoß gegen die guten Sitten kommt bei der vorsätzlichen Verletzung von grundlegenden Pflichten in Betracht.[91] Im Insolvenzverfahren ist die grundlegende Pflicht die Gleichbehandlung der Gläubiger (vgl. § 1 InsO). Dies bedeutet, das einzelzwangsvollstreckungsrechtliche Prioritätsprinzip wird zurückgedrängt und kein Gläubiger darf bevorzugt befriedigt werden. Sollte der Eigenverwalter gegen diese Pflicht vorsätzlich verstoßen, handelt

[91] *Hofmann*, EV in der Insolvenz, S. 107.

es sich um eine Verletzung von grundlegenden Pflichten, nämlich um einen Verstoß gegen den Gläubigergleichbehandlungsgrundsatz.[92] Dies wäre der Fall, wenn der Eigenverwalter einzelne Insolvenzgläubiger bei der Schlussverteilung der Insolvenzmasse bewusst nicht berücksichtigt. Dagegen kann eine bloße Verletzung von Nebenpflichten oder eine lediglich versehentliche Verletzung von Pflichten keine sittenwidrige Schädigung begründen.[93] Auch muss die Schädigungshandlung mit Absicht erfolgt sein. Der Eigenverwalter müsste die einzelnen Insolvenzgläubiger absichtlich nicht berücksichtigt haben. In der Praxis dürfte die Schädigung des Gläubigers lediglich eine Kollateralschaden sein, da die Handlung in der Regel auf andere Dinge gerichtet ist.

In Bezug auf die allgemeinen zivilrechtlichen Haftungsnormen lässt sich im Ergebnis feststellen, dass die Insolvenzgläubiger durch die Vertragshaftung nach § 280 Abs. 1 i.V.m. § 241 Abs. 2 i.V.m. § 311 Abs. 2 BGB bzw. § 280 Abs. 1 BGB für Pflichtverletzungen des Eigenverwalters umfassend geschützt werden. Das gilt auch für die Massegläubiger, wenn Masseverbindlichkeiten nicht befriedigt werden. Ferner sind die Gläubiger im Rahmen der deliktischen Haftung durch § 823 BGB bei Verletzung eines absoluten Rechts (Abs. 1) oder eines Schutzgesetzes (Abs. 2) recht umfassend geschützt, wobei auch Schäden durch Verrichtungsgehilfen des Eigenverwalters nach § 831 BGB erfasst sind. Auch besteht gemäß § 826 BGB ein Schutz für vorsätzliche sittenwidrige Schädigungen durch den Eigenverwalter.

Die Gläubiger sind durch die allgemeinen zivilrechtlichen Vorschriften bereits ausreichend geschützt. Zwar entspricht dieser Schutz nicht dem Schutz der Gläubiger im Regelinsolvenzverfahren nach §§ 60, 61 InsO, jedoch haben es die Gläubiger im Eigenverwaltungsverfahren in der Hand, die Eigenverwaltung nach § 272 Abs. 1 Nr. 1, 2 InsO aufheben zu lassen. Daher erscheint es nachvollziehbar, dass der Gesetzgeber bewusst auf die insolvenzspezifische Haftung des Eigenverwalters verzichtet hat. Aus diesem Grunde ist die Planwidrigkeit der Regelungslücke zu verneinen. Im Ergebnis kommt

92 *Hofmann*, EV in der Insolvenz, S. 107.

93 *Hofmann*, EV in der Insolvenz, S. 107.

eine analoge Anwendung der §§ 60, 61 InsO auf den eigenverwaltenden Schuldner nicht in Betracht.

III Die Haftung der Geschäftsleiter

In der Eigenverwaltung von juristischen Personen sind die eigentlich handelnden Personen die Geschäftsleiter. Aus diesem Grunde dürfte ihnen bei der Haftung besondere Bedeutung zukommen. Auch eröffnet eine Haftung der Geschäftsleiter den Gläubigern Zugriff auf ein weiteres Vermögen.[94] Die Haftung der Geschäftsleiter im eigenverwalteten Insolvenzverfahren ist im Gesetz nicht geregelt. Es kommen die allgemeinen zivilrechtlichen Haftungsregeln aus Vertrag und Delikt in Frage. Diese werden im ersten Abschnitt untersucht. Ferner ergibt sich aus der Organstellung der Geschäftsleiter die grundsätzliche Anwendung der einschlägigen gesellschaftsrechtlichen Vorschriften. Diese sind für den Vorstand der AG das AktG, desgleichen für den Geschäftsführer der GmbH das GmbHG. Da auch im jeweiligen Gesellschaftsrecht Regelungen zur Haftung vorhanden sind, sind im Anschluss diese besonderen Haftungsnormen auf ihre Anwendbarkeit hin zu überprüfen.

1 Die Haftung der Geschäftsleiter nach allgemeinen zivilrechtlichen Regeln

a) Die Vertragshaftung

Eine Haftung der Geschäftsleiter könnte gegenüber der Gesellschaft wie auch gegenüber den Gläubigern aufgrund einer Pflichtverletzung nach § 280 Abs. 1 BGB, sowie wegen der nicht ordnungsgemäßen Erfüllung von Verbindlichkeiten bei Inanspruchnahme besonderen Vertrauens nach den Grundsätzen der c.i.c. Haftung aus §§ 280 Abs. 1 i.V.m. 241 Abs. 2, 311 Abs. 3 BGB in Erwägung gezogen werden.

Bei der Haftung der Geschäftsleiter ist zu unterscheiden, wem gegenüber eine mögliche Haftung entstehen kann. Zum einen sind die Geschäftsleiter der Gesellschaft aufgrund ihres Anstellungsvertrages verpflichtet. Zu den

---

[94] *Bachmann*, ZIP 2015, 101, 104.

Pflichten der Geschäftsleiter gehört die Legalitätspflicht. Die Legalitätspflicht bindet den Geschäftsführer bzw. den Vorstand einer Gesellschaft daran, jegliche, die Gesellschaft im Außenverhältnis treffenden, Vorschriften einzuhalten.[95] Im Eigenverwaltungsverfahren einer Gesellschaft werden hiervon auch die Pflichten der InsO erfasst, die der Gesellschaft als Eigenverwalter auferlegt sind, demnach auch die Pflicht zur Wahrung des Insolvenzzwecks.[96] Eine vertragliche Haftung der Geschäftsleiter greift daher nach § 280 Abs. 1 BGB gegenüber der schuldnerischen Gesellschaft, wenn die Geschäftsleiter schuldhaft die ihnen obliegenden Pflichten als Geschäftsführer oder Vorstand verletzen und der Gesellschaft daraus ein Schaden entsteht.

Eine Haftung der Geschäftsleiter gegenüber den Gläubigern nach § 280 Abs. 1 BGB lässt sich demgegenüber nur in Ausnahmefällen begründen. Vertragliche Beziehungen bestehen in der Regel lediglich zwischen der Gesellschaft und den Gläubigern, so dass es an dem erforderlichen Schuldverhältnis zwischen den Geschäftsleitern und den Gläubigern mangelt.[97] Etwas Anderes gilt, wenn sich die Geschäftsleiter neben der Gesellschaft - im eigenen Namen - mitverpflichtet haben. Denkbar wäre dies im Eigenverwaltungsverfahren, insbesondere in Form des Schuldbeitritts. Hierbei verpflichten sich die Geschäftsleiter neben der Gesellschaft für die bestehenden Verbindlichkeiten einzutreten. Dies stellt für die Insolvenzgläubiger eine zusätzliche Sicherheit dar, bildet jedoch die Ausnahme. Daher scheidet eine Haftung der Geschäftsleiter gegenüber den Gläubigern nach § 280 Abs. 1 BGB grundsätzlich aus.

Denkbar ist ferner, dass die Geschäftsleiter besonderes Vertrauen für sich in Anspruch nehmen oder mit erheblichem wirtschaftlichen Eigeninteresse handeln und dadurch nach §§ 280 Abs. 1 i.V.m. 241 Abs. 2, 311 Abs. 3 BGB haften.[98] Folglich würde eine Haftung dann in Betracht kommen, wenn

---

95 BGH, Urteil vom 15. Oktober 1996, VI ZR 319/95, BGHZ 133, 370, 375.

96 *Hofmann*, EV in der Insolvenz, S. 212.

97 *Thole/Brünkmans*, ZIP 2013, 1097, 1098.

98 *Flöther*, in: HRI, § 18 Rn. 24.

die Geschäftsleiter als wirtschaftliche Interessenträger anzusehen sind.[99] Dies ist im Regelinsolvenzverfahren für den Insolvenzverwalter grundsätzlich zu verneinen, da dieser doch augenscheinlich schon im Interesse der Gläubigergesamtheit und nicht im eigenen Interesse handelt.[100] Das allgemeine Interesse, welches jeder Geschäftsleiter am Fortschritt des von ihm geführten Unternehmens hat, reicht hierzu nicht aus.[101] In der Eigenverwaltung ist die Haftung jedoch in einer Konstellation vorstellbar. So hat der Gesellschafter-Geschäftsführer durchaus ein wirtschaftliches Eigeninteresse am Erfolg seiner Gesellschaft, welches über das allgemeine Interesse hinausgeht, denn er ist vermögensrechtlich gesehen der Inhaber der Gesellschaft. Aus diesem Grunde kommt eine Haftung bei wirtschaftlichem Eigeninteresse lediglich bei Gesellschafter-Geschäftsführern in Betracht und bildet daher die Ausnahme. Neben dem Handeln mit erheblichem wirtschaftlichen Eigeninteresse würde eine Haftung gleichwohl in Frage kommen, wenn die Geschäftsleiter bei Vertragsschluss besonderes persönliches Vertrauen für sich in Anspruch genommen haben.[102] Dies ist der Fall, wenn der Geschäftsleiter beim Vertragspartner in zurechenbarer Weise den Eindruck erweckt, er übernehme eine zusätzliche Gewähr oder er werde persönlich für die ordnungsgemäße Geschäftsabwicklung einstehen.[103] Dies ist gewissermaßen der Fall, wenn seine Erklärung als selbständiges Garantieversprechen aufgefasst werden kann.[104]

Hinsichtlich der für § 280 Abs. 1 BGB erforderlichen Pflichtverletzung ist besonders zu beachten, dass keine primären Leistungspflichten, sondern lediglich Verhaltenspflichten i.S.v. § 241 Abs. 2 BGB, aufgrund des gesetzlich entstandenen Schuldverhältnisses nach § 311 Abs. 3 BGB, begründet werden. Daher sind die Geschäftsleiter ausschließlich zur Rücksicht auf die

---

[99] Palandt/*Grüneberg*, BGB, § 311, Rn. 61.
[100] *Thole/Brünkmans*, ZIP 2013, 1997, 1098.
[101] Palandt/*Grüneberg*, BGB, § 311, Rn. 61.
[102] *Koch,* in: Hüffer, AktG, § 93, Rn. 21.
[103] Palandt/*Grüneberg*, BGB, § 311, Rn. 63.
[104] Palandt/*Grüneberg*, BGB, § 311, Rn. 65.

Rechte, Rechtsgüter und Interessen des Vertragspartners verpflichtet.[105] Daraus ergeben sich in erster Linie Verpflichtungen zur Aufklärung, Auskunft, Fürsorge und Obhut, die dem Umfang nach davon abhängig sind, inwieweit ein besonderes Vertrauensverhältnis entstanden ist oder in welchem Maß ein besonderes wirtschaftliches Eigeninteresse bestand.[106] Hieraus lässt sich schließen, dass nicht auf die unterbliebene Erfüllung der Leistungspflicht abgestellt werden kann, sondern dass es durch die Verletzung einer der genannten Pflichten zu einer nicht ordnungsgemäßen Erfüllung der Leistungspflicht kam. Bei den insolvenzspezifischen Pflichten der Geschäftsleiter handelt es nicht um solche vertraglichen Nebenpflichten i.S.d. § 241 Abs. 2 BGB. Daher scheidet eine Haftung der Geschäftsleiter für die Verletzung von insolvenzspezifischen Pflichten der schuldnerischen Gesellschaft aufgrund von §§ 280 Abs. 1 i.V.m. 241 Abs. 2, 311 Abs. 3 BGB aus. Dies gilt beispielsweise in den Fällen, in denen sie über das normale Verhandlungsvertrauen hinaus der Vertragspartei eine zusätzliche Gewähr für Bestand und Erfüllung des eingegangenen Rechtsgeschäfts bieten. Eine Eigenhaftung der Geschäftsleiter nach §§ 280 Abs. 1 i.V.m. 241 Abs. 2, 311 Abs. 3 BGB aufgrund erheblichen wirtschaftlichen Eigeninteresses dürfte hingegen, außer bei Gesellschafter-Geschäftsführern, nur selten gegeben sein.

In der Gesamtheit ist eine vertragliche Haftung der Geschäftsleiter gegenüber der Gesellschaft für die Verletzung ihrer Geschäftsleiterpflichten nach § 280 Abs. 1 BGB nicht ausgeschlossen. Eine Haftung gegenüber den Gläubigern nach §§ 280 Abs. 1 BGB ist grundsätzlich nicht realisierbar. Zudem ist eine Haftung der Geschäftsleiter nach den Grundsätzen der c.i.c. Haftung gem. § 280 Abs. 1 i.V.m. 241 Abs. 2, 311 Abs. 3 BGB für die Verletzung von vertraglichen Nebenpflichten im Bereich des Möglichen. Eine Haftung für die Verletzung der insolvenzspezifischen Pflichten der Geschäftsleiter ist hingegen ausgeschlossen. Aus diesem Grunde kann festgestellt werden, dass eine vertragliche Haftung gegenüber den Insolvenzgläubigern für die Besonderheiten der Eigenverwaltung kaum von Bedeutung ist.

---

[105] Palandt/*Grüneberg*, BGB, § 311, Rn. 27.
[106] Palandt/*Grüneberg*, BGB, § 311, Rn. 27.

b) Die Deliktshaftung

Auch eine deliktische Haftung der Geschäftsleiter ist nach § 823 Abs. 1, 2 BGB und § 826 BGB vorstellbar.

In Bezug auf die Haftung nach § 823 Abs. 1 BGB kann auf das bereits Gesagte zur deliktischen Haftung des Eigenverwalters verwiesen werden. Insbesondere ergibt sich ebenfalls eine Haftung der Geschäftsleiter, wenn diese ein absolutes oder sonstiges Recht, wie das Eigentum oder dingliche Anwartschaftsrechte, schuldhaft verletzen. Dies ist in etwa bei der Veräußerung von Gegenständen, an denen ein Aussonderungsrecht besteht, der Fall. Die Haftung der Geschäftsleiter nach § 823 Abs. 1 BGB könnte jedoch aufgrund der gleichgerichteten Haftung der eigenverwaltenden Gesellschaft nach § 823 Abs. 1 BGB ausgeschlossen werden. Allerdings besteht im Deliktsrecht der Grundsatz, dass derjenige, der in seiner Person die Tatbestandsmerkmale der unerlaubten Handlung erfüllt, auf Schadensersatz nach §§ 823 ff. BGB in Anspruch genommen werden kann. Dabei ist es ohne Bedeutung, ob sein Verhalten auch Dritten gem. §§ 831, 31 BGB zuzurechnen ist.[107] Dementsprechend haften die Geschäftsleiter nach § 823 Abs. 1 BGB, wenn sie eines der geschützten Rechte oder Rechtsgüter schuldhaft verletzen und zusätzlich ein kausaler Zusammenhang zum entstandenen Schaden besteht.

Zweifelhaft erscheint hingegen, ob sich eine Haftung nach § 823 Abs. 2 BGB gegen die Geschäftsleiter begründen lässt. Wie bereits bei der deliktischen Haftung des Eigenverwalters dargestellt, erfasst diese Norm die Verletzung von Schutzgesetzen (s. Cb). Bei den infrage kommenden Schutznormen der InsO, welche konkrete verfahrensspezifische Pflichten begründen, wird der Träger des Eigenverwalteramtes verpflichtet, mithin die Gesellschaft und nicht die handelnden Organe (s. B). Allein die Regelung des § 15a InsO, der die Geschäftsleiter zum Insolvenzantrag bei Eintritt der Zahlungsunfähigkeit oder Überschuldung der Gesellschaft verpflichtet, ist

[107] BGH, Urteil vom 05. Dezember 1989, VI ZR 335/88, BGHZ 109, 297, 302.

in der Eigenverwaltung als Schutzgesetz i.S.d. § 823 Abs. 2 BGB anzusehen, welche die Geschäftsleiter und nicht den Eigenverwalter verpflichtet.[108] Jedoch scheint eine Anwendung des § 15a InsO nur für die Zeit vor der Verfahrenseröffnung relevant. So haften die Geschäftsleiter doch für den Schaden, der in der Zeitspanne zwischen dem Zeitpunkt der Antragspflicht, also dem Eintritt der Zahlungsunfähigkeit oder Überschuldung, und dem tatsächlichen Insolvenzantrag entstanden ist.[109] Außerdem kann die Eigenverwaltung nur beantragt werden, wenn zuvor oder gleichzeitig ein Antrag auf Eröffnung des Insolvenzverfahrens gestellt wurde. Infolgedessen sind die Haftungsvorschriften, die auf die Antragspflicht abstellen, nicht mehr anwendbar.[110] Daher kommt eine Haftung der Geschäftsleiter für die Zeit des Eigenverwaltungsverfahrens nach § 823 Abs. 2 BGB i.V.m. § 15a InsO nicht in Betracht. Angesichts dieser Erkenntnisse kommen die Schutznormen der InsO in der Eigenverwaltung nicht als Schutzgesetz i.S.d. § 823 Abs. 2 BGB in Frage. Die Vorschriften des Gesellschaftsrechts, wonach die Geschäftsleiter der Gesellschaft für Verletzungen ihrer Geschäftsleiterpflichten haften, §§ 43 Abs. 1 GmbHG, 93 Abs. 1 S. 1 AktG, könnten Schutzgesetze i.S.d. § 823 Abs. 2 BGB darstellen. Jedoch regeln diese Normen allein die Pflichten des Geschäftsführers bzw. des Vorstandes aus seiner organschaftlichen Stellung zur Gesellschaft. Daher handelt es sich bei diesen Bestimmungen nicht um Schutzgesetze i.S.d. § 823 Abs. 2 BGB.[111] Im Ergebnis lässt sich daher feststellen, dass der Haftung der Geschäftsleiter nach § 823 Abs. 2 BGB hinsichtlich der Verletzung ihrer Pflichten, welche sich aus der Eigenverwaltung ergeben, praktisch keine Bedeutung zukommt.

Eine Haftung aus § 826 BGB der Geschäftsleiter kann sich ergeben, sofern diese die Gläubiger vorsätzlich sittenwidrig schädigen. Wie bereits bei der Haftung des eigenverwaltenden Schuldners festgestellt, kann dies bei der Verletzung von grundlegenden Pflichten der Fall sein. Im Eigenverwaltungsverfahren kommt dabei der Offenbarungspflicht besondere Bedeutung zu. Demnach sind die Geschäftsleiter verpflichtet, die Vertragspartner über

---

108 *Ringstmeier*, in: Mohrbutter/Ringstmeier, Insolvenzverwaltung, § 23, Rn. 172.

109 *Ringstmeier*, in: Mohrbutter/Ringstmeier, Insolvenzverwaltung, § 23, Rn. 175 f.

110 *Brinkmann*, DB 2012, 1369 f.

111 BGH, Urteil vom 19. Februar 1990, II ZR 268/88, BGHZ 110, 342, 359 f.

die Vermögenslage des Unternehmens aufzuklären.[112] Dies bedeutet, dem Vertragspartner dürfen keine Umstände unbekannt bleiben, die ihm nach Treu und Glauben bekannt sein hätten müssen und die für seine Entscheidung für den Vertrag ausschlaggebend waren.[113] Im Konkreten bedeutet dies, dass die Geschäftsleiter des eigenverwaltenden Schuldners, vor Vertragsabschluss die Vertragspartner aufklären müssen, dass die Erfüllung der Verbindlichkeit möglicherweise aufgrund von Massearmut nicht möglich sein wird.

Eine Haftung für den Verrichtungsgehilfen nach § 831 BGB erschiene auf den ersten Blick möglich.

§ 831 BGB Haftung für den Verrichtungsgehilfen

(1) [1]Wer einen anderen zu einer Verrichtung bestellt, ist zum Ersatz des Schadens verpflichtet, den der andere in Ausführung der Verrichtung einem Dritten widerrechtlich zufügt. [2]Die Ersatzpflicht tritt nicht ein, wenn der Geschäftsherr bei der Auswahl der bestellten Person und, sofern er Vorrichtungen oder Gerätschaften zu beschaffen oder die Ausführung der Verrichtung zu leiten hat, bei der Beschaffung oder der Leitung die im Verkehr erforderliche Sorgfalt beobachtet oder wenn der Schaden auch bei Anwendung dieser Sorgfalt entstanden sein würde.

(2) Die gleiche Verantwortlichkeit trifft denjenigen, welcher für den Geschäftsherrn die Besorgung eines der im Absatz 1 Satz 2 bezeichneten Geschäfte durch Vertrag übernimmt.

Demnach haftet derjenige, der einen anderen zur Ausführung von Verrichtungen bestellt. Jedoch ist prinzipiell die Gesellschaft der Geschäftsherr und nicht deren Geschäftsleiter. Somit kommt eine Haftung der Geschäftsleiter

[112] *Lücke/Simon*, in: Saenger/Inhester, GmbHG, § 43, Rn. 116.
[113] BGH, Urteil vom 01. Juli 1991, II ZR 180/90, ZIP 1991, 1140, 1144.

für den Verrichtungsgehilfen nach § 831 BGB grundlegend nicht zur Anwendung.

Zur deliktischen Haftung kann festgestellt werden, dass die Geschäftsleiter nach § 823 Abs. 1 BGB der Gesellschaft sowie den Gläubigern für Verletzungen der genannten Rechte und Rechtsgüter haften, sofern sie diese schuldhaft und rechtswidrig verletzt haben und der entstandene Schaden kausal ist. Im Gegensatz dazu kommt der Haftung nach § 823 Abs. 2 BGB in der Eigenverwaltung keine entscheidende Bedeutung zu. Ein Anspruch aus § 826 BGB auf Schadensersatz ist jedoch möglich, vorausgesetzt die Geschäftsleiter verletzen vorsätzlich und sittenwidrig ihre grundlegenden Geschäftsleiterpflichten.

Die Geschäftsleiter kann somit eine Haftung nach den allgemeinen zivilrechtlichen Grundsätzen treffen. Diese umfasst allerdings keine Vermögensschäden. Aus diesem Grunde bleibt zu bemerken, dass hinsichtlich der Verletzung ihrer aus der Eigenverwaltung resultierenden Pflichten, die allgemeine Haftung keinesfalls umfassend ist. Eine darüber hinaus gehende Haftung ist im Gesetz nicht vorgesehen.

Treten im Regelinsolvenzverfahren die Haftungsvorschriften des Gesellschaftsrechts, aufgrund der nicht vorhandenen Verwaltungs- und Verfügungsbefugnis der Geschäftsleiter, unweigerlich in den Hintergrund, kann sich für die Eigenverwaltung ein anderes Bild ergeben. Dies wird im nachfolgenden Abschnitt untersucht.

2 Die gesellschaftsrechtliche Haftung der Geschäftsleiter

Angesichts der begrenzten zivilrechtlichen Haftung erscheint eine zusätzliche besondere Haftung wünschenswert. Aufgrund der organschaftlichen Stellung der Geschäftsleiter kann sich diese aus dem Gesellschaftsrecht ergeben. Mit Insolvenzeröffnung entstehen für die Gesellschaft einschneidende Änderungen, wie etwa die Überlagerung des Gesellschaftszwecks durch den Insolvenzzweck. So überlagert das Insolvenzrecht bestimmte

Teile des Gesellschaftsrechts und verdrängt dessen Anwendung.[114] Infolgedessen erscheint es zweifelhaft, ob die gesellschaftsrechtlichen Haftungsnormen im Eigenverwaltungsverfahren weiterhin zur Anwendung kommen. Weder im GmbHG noch im AktG finden sich Ausführungen zur Fortgeltung der besonderen Haftungsbestimmungen im Insolvenzverfahren. Ebenso lässt sich der InsO nichts Entsprechendes entnehmen. Mit Eröffnung des Insolvenzverfahrens kommt es zur Auflösung von juristischen Personen, vgl. § 262 Abs. 1 Nr. 3 AktG, § 60 Abs. 1 Nr. 4 GmbHG, jedoch bleibt der Rechtsträger mit seinen Organen bis zur Vollbeendigung bestehen.[115] Die Gesellschaft erlischt endgültig, wenn ihr Vermögen im Wege eines Liquidationsverfahrens oder im Rahmen des Insolvenzverfahrens vollständig verteilt und die Gesellschaft gemäß § 74 Abs. 1 GmbHG bzw. § 273 Abs. 1 AktG im Handelsregister gelöscht ist.[116] Bis zu diesem Zeitpunkt bleibt die Gesellschaft eine rechts- und parteifähige Gesellschaft. Durch den Fortbestand der Gesellschaft – trotz Insolvenzeröffnung – erfordert das Innen- sowie Außenverhältnis weiterhin gesetzlicher Regelungen. Da die InsO hierzu keine Ausführungen enthält, bleibt grundsätzlich nur der Rückgriff auf die gesellschaftsrechtlichen Vorschriften. Folglich erscheint die Anwendung dieser Normen auch im Insolvenz- bzw. Eigenverwaltungsverfahren angebracht. Im Einzelfall ist deren Anwendung durch Auslegung zu ermitteln. Mit dieser Erkenntnis kommen die § 93 Abs. 2 AktG, § 43 Abs. 2 GmbHG sowie § 64 S. 1 GmbHG, § 93 Abs. 3 Nr. 6 AktG, § 92 Abs. 2 AktG für eine Haftung der Geschäftsleiter in Frage.

a) Haftung der Geschäftsleiter nach §§ 93 Abs. 2 AktG, 43 Abs. 2 GmbHG

Die Geschäftsleiter bleiben im Eigenverwaltungsverfahren weiterhin zur Geschäftsführung berechtigt. Daraus ergeben sich, wie bereits dargestellt, Rechte und Pflichten. In Konsequenz dessen, besteht die Gefahr der Verletzung dieser Pflichten. Somit kommen als Anspruchsgrundlagen für eine

---

[114] *Göcke*, Wechselwirkungen bei der Insolvenz von Gesellschaft, Gesellschafter und Organwalter, S. 29 f.

[115] *Klöhn*, NZG 2013, 81.

[116] BGH, Beschluss vom 23. Februar 1970, II ZB 5/69, BGHZ 53, 264, 266.

Haftung der Geschäftsleiter §§ 93 Abs. 2 S. 1 AktG, 43 Abs. 2 GmbHG in die engere Wahl der möglichen Haftungsnormen.

§ 93 AktG Sorgfaltspflicht und Verantwortlichkeit der Vorstandsmitglieder

(1) Die Vorstandsmitglieder haben bei ihrer Geschäftsführung die Sorgfalt eines ordentlichen und gewissenhaften Geschäftsleiters anzuwenden. Eine Pflichtverletzung liegt nicht vor, wenn das Vorstandsmitglied bei einer unternehmerischen Entscheidung vernünftigerweise annehmen durfte, auf der Grundlage angemessener Information zum Wohle der Gesellschaft zu handeln. Über vertrauliche Angaben und Geheimnisse der Gesellschaft, namentlich Betriebs- oder Geschäftsgeheimnisse, die den Vorstandsmitgliedern durch ihre Tätigkeit im Vorstand bekanntgeworden sind, haben sie Stillschweigen zu bewahren. Die Pflicht des Satzes 3 gilt nicht gegenüber einer nach § 342b des Handelsgesetzbuchs anerkannten Prüfstelle im Rahmen einer von dieser durchgeführten Prüfung.

(2) Vorstandsmitglieder, die ihre Pflichten verletzen, sind der Gesellschaft zum Ersatz des daraus entstehenden Schadens als Gesamtschuldner verpflichtet. Ist streitig, ob sie die Sorgfalt eines ordentlichen und gewissenhaften Geschäftsleiters angewandt haben, so trifft sie die Beweislast. Schließt die Gesellschaft eine Versicherung zur Absicherung eines Vorstandsmitglieds gegen Risiken aus dessen beruflicher Tätigkeit für die Gesellschaft ab, ist ein Selbstbehalt von mindestens 10 Prozent des Schadens bis mindestens zur Höhe des Eineinhalbfachen der festen jährlichen Vergütung des Vorstandsmitglieds vorzusehen.

(3) Die Vorstandsmitglieder sind namentlich zum Ersatz verpflichtet, wenn entgegen diesem Gesetz

1. Einlagen an die Aktionäre zurückgewährt werden,

2. den Aktionären Zinsen oder Gewinnanteile gezahlt werden,

3. eigene Aktien der Gesellschaft oder einer anderen Gesellschaft gezeichnet, erworben, als Pfand genommen oder eingezogen werden,

4. Aktien vor der vollen Leistung des Ausgabebetrags ausgegeben werden,

5. Gesellschaftsvermögen verteilt wird,

6. Zahlungen entgegen § 92 Abs. 2 geleistet werden,

7. Vergütungen an Aufsichtsratsmitglieder gewährt werden,

8. Kredit gewährt wird,

9. bei der bedingten Kapitalerhöhung außerhalb des festgesetzten Zwecks oder vor der vollen Leistung des Gegenwerts Bezugsaktien ausgegeben werden.

(4) Der Gesellschaft gegenüber tritt die Ersatzpflicht nicht ein, wenn die Handlung auf einem gesetzmäßigen Beschluß der Hauptversammlung beruht. Dadurch, daß der Aufsichtsrat die Handlung gebilligt hat, wird die Ersatzpflicht nicht ausgeschlossen. Die Gesellschaft kann erst drei Jahre nach der Entstehung des Anspruchs und nur dann auf Ersatzansprüche verzichten oder sich über sie vergleichen, wenn die Hauptversammlung zustimmt und nicht eine Minderheit, deren Anteile zusammen den zehnten Teil des Grundkapitals erreichen, zur Niederschrift Widerspruch erhebt. Die zeitliche Beschränkung gilt nicht, wenn der Ersatzpflichtige zahlungsunfähig ist und sich zur Abwendung des Insolvenzverfahrens mit seinen Gläubigern vergleicht oder wenn die Ersatzpflicht in einem Insolvenzplan geregelt wird.

(5) Der Ersatzanspruch der Gesellschaft kann auch von den Gläubigern der Gesellschaft geltend gemacht werden, soweit sie von dieser keine Befriedigung erlangen können. Dies gilt jedoch in anderen Fällen als denen des Absatzes 3 nur dann, wenn die Vorstandsmitglieder die Sorgfalt eines ordentlichen und gewissenhaften Geschäftsleiters gröblich verletzt haben; Absatz 2 Satz 2 gilt sinngemäß. Den Gläubigern gegenüber wird die Ersatzpflicht weder durch einen Verzicht oder Vergleich der Gesellschaft noch dadurch aufgehoben, daß die Handlung auf einem Beschluß der

Hauptversammlung beruht. Ist über das Vermögen der Gesellschaft das Insolvenzverfahren eröffnet, so übt während dessen Dauer der Insolvenzverwalter oder der Sachwalter das Recht der Gläubiger gegen die Vorstandsmitglieder aus.

(6) Die Ansprüche aus diesen Vorschriften verjähren bei Gesellschaften, die zum Zeitpunkt der Pflichtverletzung börsennotiert sind, in zehn Jahren, bei anderen Gesellschaften in fünf Jahren.

§ 43 GmbHG Haftung der Geschäftsführer

(1) Die Geschäftsführer haben in den Angelegenheiten der Gesellschaft die Sorgfalt eines ordentlichen Geschäftsmannes anzuwenden.

(2) Geschäftsführer, welche ihre Obliegenheiten verletzen, haften der Gesellschaft solidarisch für den entstandenen Schaden.

(3) Insbesondere sind sie zum Ersatze verpflichtet, wenn den Bestimmungen des § 30 zuwider Zahlungen aus dem zur Erhaltung des Stammkapitals erforderlichen Vermögen der Gesellschaft gemacht oder den Bestimmungen des § 33 zuwider eigene Geschäftsanteile der Gesellschaft erworben worden sind. Auf den Ersatzanspruch finden die Bestimmungen in § 9b Abs. 1 entsprechende Anwendung. Soweit der Ersatz zur Befriedigung der Gläubiger der Gesellschaft erforderlich ist, wird die Verpflichtung der Geschäftsführer dadurch nicht aufgehoben, daß dieselben in Befolgung eines Beschlusses der Gesellschafter gehandelt haben.

(4) Die Ansprüche auf Grund der vorstehenden Bestimmungen verjähren in fünf Jahren.

Demnach haften Vorstandsmitglieder einer AG ebenso wie die Geschäftsführer einer GmbH, sofern sie schuldhaft Pflichten verletzen, für den daraus entstandenen Schaden.

Weder dem Wortlaut des § 43 Abs. 2 GmbHG noch dem § 93 Abs. 2 AktG kann eine unmittelbare Aussage zum zeitlichen Anwendungsbereich, also nach Eröffnung des Insolvenzverfahrens, entnommen werden. Diese Normen benennen als Haftenden den Geschäftsführer sowie die Vorstandsmitglieder. Sie knüpfen somit an die organschaftliche Stellung an.[117] Dies spricht dafür, dass die Vorschriften für die gesamte Dauer der Stellung als Geschäftsführer bzw. Vorstand gelten sollen. Im Regelinsolvenzverfahren geht jedoch die Verwaltungs- und Verfügungsbefugnis auf den Insolvenzverwalter über, § 80 InsO. Gleichwohl verlieren die Geschäftsleiter damit nicht ihre Organstellung. Jedoch hat der Insolvenzverwalter die Pflicht, das gesamte zur Insolvenzmasse gehörende Vermögen in Besitz zu nehmen, § 148 InsO. Dadurch ist den Geschäftsleitern der Zugriff auf das Vermögen der Gesellschaft verwehrt und es kommt ab diesem Zeitpunkt nicht mehr auf eine Haftung nach § 43 Abs. 2 GmbHG, § 93 Abs. 2 AktG an, soll doch den Geschäftsleitern jeglicher schädigende Einfluss genommen werden. Da die Geschäftsleiter hingegen mit Anordnung der Eigenverwaltung die Verwaltungs- und Verfügungsbefugnis gem. § 270 Abs. 1 S. 1 InsO auszuüben haben, spricht der Wortsinn, der eben gerade die Geschäftsleiter verpflichtet, für die fortgeltende Anwendung der §§ 93 Abs. 2 S. 1 AktG, 43 Abs. 2 GmbHG im Eigenverwaltungsverfahren.

Weder mit dem Blick auf die Entstehungsgeschichte des GmbHG, des AktG noch in den Gesetzgebungsmaterialien zur InsO bzw. zum ESUG lassen sich Aussagen zur besonderen Haftung der Geschäftsleiter im Eigenverwaltungsverfahren entnehmen. Auch lassen die systematischen Stellungen der wesentlichen Normen im Gesellschaftsrecht keine Erkenntnisse zur weiteren Anwendung oder Beschränkung der Geltung zu. Von daher erscheint die teleologische Betrachtungsweise von besonderer Bedeutung.

Die durch §§ 93 Abs. 2 S. 1 AktG, 43 Abs. 2 GmbHG angeordnete Haftung der Geschäftsleiter verfolgt einen zweifachen Zweck. Primär ist das Ziel, der Gesellschaft die durch Pflichtverletzungen der Geschäftsleiter entstandenen Vermögensminderungen, zu ersetzen. Zudem soll sich die Haftungsandrohung verhaltenssteuernd auf die Geschäftsleiter auswirken.[118] Da die

---

[117] *Zöllner/Noack*, in: Baumbach/Hueck, GmbHG, § 43, Rn. 4; *Koch*, in: Hüffer, AktG, § 93, Rn. 11.

[118] *Klöhn*, in: Bork/Schäfer, GmbHG, § 64, Rn. 2; *Koch*, in: Hüffer, AktG, § 93, Rn. 1.

Geschäftsleiter im Regelinsolvenzverfahren aufgrund von § 80 InsO fast jeden Einfluss auf die Geschäftsführung verlieren, wird die fortbestehende Bedeutung dieser Regelungsziele für das Regelinsolvenzverfahren grundsätzlich verneint.[119] Auch bedürfe es mangels Verwaltungs- und Verfügungsbefugnis keiner Verhaltenssteuerung der Geschäftsleiter mehr.[120] Dies trifft jedoch in der Eigenverwaltung eindeutig nicht zu. So sind die Geschäftsleiter verwaltungs- und verfügungsbefugt, ergo weiterhin für die Geschicke der Gesellschaft verantwortlich. Dementsprechend kommt dem Zweck der Schadenskompensation sowie der Verhaltenssteuerung der Geschäftsleiter nach wie vor Bedeutung zu. Dabei ist es unerheblich, dass das Gesellschaftsinteresse von dem Gläubigerinteresse durch Überlagerung des Gesellschaftszwecks verdrängt ist. Denn dies bedeutet für die Geschäftsleiter lediglich, dass sie zur Zielerreichung - der bestmöglichen Befriedigung der Insolvenzgläubiger - mittels Sanierung, im Zweifelsfall mittels Verwertung im Interesse des Unternehmens, welches sich am Gläubigerinteresse zu orientieren hat, handeln müssen.[121] Angemessen erscheint es daher, auch die teleologische Betrachtung im Ergebnis für eine Anwendbarkeit der § 93 Abs. 2 S. 1 AktG, § 43 Abs. 2 GmbHG sprechen zu lassen.

Insgesamt führt die Auslegung zu dem Resultat, dass die gesellschaftsrechtlichen Haftungsnormen nach § 93 Abs. 2 S. 1 AktG, § 43 Abs. 2 GmbHG im Eigenverwaltungsverfahren weiterhin zur Anwendung kommen.

Die Voraussetzung für die Haftung der Geschäftsleiter nach § 93 Abs. 2 S. 1 AktG, § 43 Abs. 2 GmbHG ist zunächst eine Verletzung der ihnen als Vorstand bzw. Geschäftsführer übertragenen Pflichten. Wie bereits dargestellt, gehört zu diesen unternehmerischen Verhaltenspflichten die Legalitätspflicht.[122] Neben der Legalitätspflicht haben die Geschäftsleiter nach § 93 Abs. 1 AktG, § 43 Abs. 1 GmbHG die Sorgfalt eines ordentlichen Geschäftsmannes anzuwenden. Diese Pflichten weisen an, dass die Geschäfts-

---

[119] *Haas*, in: Gottwald, InsR-Handbuch, § 91, Rn. 37.

[120] *Haas*, in: Gottwald, InsR-Handbuch, § 91, Rn. 37.

[121] *Brinkmann*, DB 2012, 1369 f.

[122] BGH, Urteil vom 15. Oktober 1996, VI ZR 319/95, BGHZ 133, 370, 375.

leiter sämtliche die Gesellschaft im Außenverhältnis treffenden Vorschriften und interne Pflichten einzuhalten haben.[123] Diese können sich aus der Satzung oder der Einhaltung freiwilliger Verhaltenspflichten, wie etwa dem Corporate Governance Kodex, ergeben. Daraus entstehen für die Geschäftsleiter zwei gegenständliche Obliegenheiten. Zum einen, nicht gegen die, die Gesellschaft im Außenverhältnis treffenden Vorschriften zu verstoßen und zum anderen, im Rahmen ihrer Organisations- und Überwachungspflichten innerhalb des Unternehmens Vorkehrungen zu treffen, dass jegliche Vorschriften intern eingehalten werden.[124] Folglich ist jede Verletzung der an die Gesellschaft gerichteten Vorschriften sowie der von der Gesellschaft auferlegten Pflichten, durch die Geschäftsleiter selbst oder aber auch, wenn diese durch Verletzung der Überwachungs- und Organisationspflichten erst ermöglicht wurden, eine Pflichtverletzung i.S.v. § 93 Abs. 2 S. 1 AktG, § 43 Abs. 2 GmbHG. Da im eigenverwaltenden Insolvenzverfahren auch die Regelungen der InsO zu den Pflichten der Gesellschaft gehören, werden Verstöße dagegen ebenfalls von § 93 Abs. 2 S. 1 AktG, § 43 Abs. 2 GmbHG erfasst.

In Anbetracht der eben festgestellten Fortgeltung der Normen, drängt sich die Frage auf, ob § 93 Abs. 1 S. 2 AktG ebenfalls zur Anwendung gelangt. Demzufolge liegt eine Pflichtverletzung des Vorstands nicht vor, wenn dieser bei einer unternehmerischen Entscheidung vernünftigerweise annehmen durfte, auf Grundlage angemessener Informationen zum Wohle der Gesellschaft zu handeln. Ziel dieser sog. Business Judgement Rule (BJR) ist es, dem Vorstand für seine unternehmerischen Entscheidungen einen Ermessenspielraum zu belassen, ohne dass dieser befürchten muss, bei Ausbleiben des angestrebten Erfolges dafür haften zu müssen.[125] Im Laufe der Unternehmensführung sind immer wieder (Ermessens-) Entscheidungen zu treffen, deren Ausgang oft ungewiss ist. Denn auch bei noch so verantwortungsbewusstem Handeln bringt die unternehmerische Tätigkeit von Natur aus Fehlbeurteilungen und Fehleinschätzungen mit sich. Bei der BJR handelt es

---

[123] MüKo-GmbHG/*Fleischer*, § 43, Rn. 30; MüKo-AktG/*Spindler*, § 93, Rn. 74.

[124] *Zöllner/Noack*, in: Baumbach/Hueck, GmbHG, § 43, Rn. 17; *Koch*, in: Hüffer, AktG, § 93, Rn. 23.

[125] BGH, Urteil vom 21. April 1997, II ZR 175/95, BGHZ 135, 244, 253 f.

sich somit um einen Haftungsausschluss. Für die Geschäftsführer einer GmbH gilt die Business Judgement Rule entsprechend.[126] Für die nachfolgende Untersuchung erscheint es erforderlich, zuerst auf das Regelinsolvenzverfahren, somit den Insolvenzverwalter abzustellen, da für die Anwendung in der Eigenverwaltung, soweit ersichtlich, keine Rechtsprechung ergangen ist und auch keine vertiefende Literatur existiert. Ob dieser Haftungsausschluss für den Insolvenzverwalter im Regelinsolvenzverfahren anwendbar ist, ist höchst umstritten.[127] Für eine Anwendung spräche die vergleichbare Interessenlage der Unternehmensfortführung im, sowie außerhalb des Insolvenzverfahrens. So soll das Unternehmen auch im Insolvenzverfahren grundsätzlich zum Erhalt fortgeführt werden. Daher wird die Anwendung der BJR im Regelinsolvenzverfahren von der h.M. bejaht.[128] Die Gegenansicht begründet ihre Absage damit, dass der Insolvenzverwalter nicht mit dem Geschäftsleiter vergleichbar sei und die BJR Anreize zu risikofreudigem Verhalten setze.[129] So habe der Insolvenzverwalter aufgrund seiner mehrseitig fremdbestimmten Tätigkeit das Interesse an den Gläubigern auszurichten und risikofreudiges Verhalten richte sich in erster Linie am Interesse der Gesellschafter bzw. Aktionäre aus.[130] Dieses Argument allein vermag nicht zu überzeugen, denn diese Interessen müssen nicht zwangsläufig zuwider laufen. Wie bereits festgestellt, müssen sich die Geschäftsleiter von dem Ziel der bestmöglichen Gläubigerbefriedigung mittels der Sanierung oder Verwertung der schuldnerischen Gesellschaft leiten lassen. Auch sind es die Gläubiger, die in der Gläubigerversammlung nach § 157 InsO eine Unternehmensfortführung, für den Fall, dass die Fortführung in ihrem Interesse liegt, beschließen. Ebenfalls haben sie die Möglichkeit, die Eigenverwaltung gem. § 272 InsO aufzuheben. Folglich entspricht die Anwendung der BJR dem Interesse der Gläubiger. So ist dem Insolvenzverwalter die Möglichkeit einer zwar risikobehafteten Entscheidung gege-

---

126 MüKo-GmbHG/*Fleischer*, § 43, Rn. 71.

127 *Jungmann*, NZI 2009, 80, 85; *Erker*, ZInsO 2012, 199, 201.

128 *Uhlenbruck*, in: Festschrift für K. Schmidt, S. 1605, 1617; *Erker*, ZInsO 2012, 199, 201.

129 *Jungmann*, NZI 2009, 81, 85.

130 *Jungmann*, NZI 2009, 81, 85.

ben, die aber gleichzeitig ertragreich ausfallen kann. Führt der Insolvenzverwalter das schuldnerische Unternehmen fort, so hat er genauso wie die Geschäftsleiter unternehmerische Entscheidungen zu treffen, deren Ergebnisse aus der ex ante Perspektive nicht vorhersehbar sind. Somit ist die Situation des Insolvenzverwalters mit der des Geschäftsleiters vergleichbar. Daher erscheint eine strengere Haftung für den Insolvenzverwalter nicht angebracht.[131] Es ist daher folgerichtig, die BJR auf den Insolvenzverwalter anzuwenden.

Was nun für den Insolvenzverwalter zuträfe, müsse für den Eigenverwalter erst recht gelten.[132] Da die Situation zwischen dem Insolvenzverwalter und dem Eigenverwalter tatsächlich konvergierend ist, führen doch beide das Unternehmen fort, ist kein Grund ersichtlich, die BJR dem Eigenverwalter vorzuenthalten. Ihre Anwendung ergibt sich ferner aus der konsequenten Gesetzesanwendung.

Die Anwendung der BJR setzt zuerst eine unternehmerische Entscheidung voraus, vgl. § 93 Abs. 1 S. 2 AktG. Eine unternehmerische Entscheidung zeichnet sich durch ihre prognostische Natur aus, d.h. die Zukunftsgebundenheit ist aufgrund der Prognose und nicht der justiziablen Einschätzung geprägt.[133] Hingegen gilt die BJR nicht für die Verletzung von Treue- und Informationspflichten sowie Gesetzes- und Satzungsverstößen.[134] Daher erscheint die BJR auf den ersten Blick nicht für die Verletzung von Legalitätspflichten relevant zu sein. Betrachtet man dies jedoch genauer, ergibt sich ein anderes Bild. Der Schuldner ist in der Eigenverwaltung aufgrund § 1 InsO verpflichtet, auf die bestmögliche Gläubigerbefriedigung hinzuwirken. Unternehmerische Entscheidungen, welche die Befriedigungsaussichten der Gläubiger verschlechtern, stellen daher einen Verstoß gegen § 1 InsO dar. Somit kommt der BJR in der Eigenverwaltung im Ausnah-

---

[131] *Thole*, in: K. Schmidt. InsO, § 60, Rn. 13.

[132] *Brinkmann*, DB 2012, 1369, 1379.

[133] RegE Gesetz zur Unternehmensintegrität und Modernisierung des Anfechtungsrechts, BT-Drs. 15/5092, S. 11.

[134] RegE Gesetz zur Unternehmensintegrität und Modernisierung des Anfechtungsrechts, BT-Drs. 15/5092, S. 11.

mefall auch bei Gesetzesverstößen Bedeutung zu. Ferner ist es erforderlich, dass die Geschäftsleiter bei ihrer Entscheidung vernünftigerweise annehmen durften, zum Wohle der Gesellschaft zu handeln. Dies ist der Fall, wenn es der langfristigen Ertragsstärkung und der Wettbewerbsfähigkeit des Unternehmens, seiner Produkte oder Dienstleistungen dient.[135] Kann sich ein Unternehmen besser am Markt positionieren und dadurch die Rendite stabil halten oder gar erhöhen, entspricht dies einerseits dem Wohle der Gesellschaft, es steht aber auch nicht dem Zweck der bestmöglichen Gläubigerbefriedigung entgegen. So bedeutet die Vermögensmehrung der Gesellschaft auch gleichzeitig Insolvenzmassemehrung der Gläubiger nach § 35 Abs. 1 InsO. Bei dieser Betrachtungsweise ist die ex ante Perspektive aus Sicht der Geschäftsleitung und nicht eines objektiven Dritten maßgeblich. Hat die Geschäftsleitung das Risiko in unverantwortlicher Weise falsch beurteilt, ist das Merkmal vernünftigerweise jedoch nicht erfüllt.[136] Ferner muss die Geschäftsleitung ohne sachfremde Einflüsse gehandelt haben, d.h. das Handeln muss ohne Verfolgung von Sonderinteressen, wie beispielsweise Beeinflussung von Dritten, durch Interessenkonflikte oder durch unmittelbaren Eigennutz erfolgt sein.[137] Weiterhin verlangt § 93 Abs. 1 S. 2 AktG, dass die Geschäftsleiter auf Grundlage angemessener Informationen gehandelt haben. Dabei ist eine sorgfältige Ermittlung der Entscheidungsgrundlage richtungsweisend. Je höher der mögliche Schaden erscheint und je wahrscheinlicher der Schadenseintritt ist, umso gewissenhafter müssen die Erkenntnismöglichkeiten ausgeschöpft werden.[138] Der Geschäftsleiter muss bei Vornahme seiner Entscheidung außerdem im guten Glauben gehandelt haben.[139] Dies bedeutet, er muss zum Zeitpunkt der Entscheidung von der Richtigkeit dieser über-

---

[135] *Koch*, in: Hüffer, AktG, § 93, Rn. 23.

[136] *Koch*, in: Hüffer, AktG, § 93, Rn. 23.

[137] *Koch*, in: Hüffer, AktG, § 93, Rn. 23.

[138] MüKo-AktG/*Spindler*, § 93, Rn. 48.

[139] RegE Gesetz zur Unternehmensintegrität und Modernisierung des Anfechtungsrechts, BT-Drs. 15/5092, S. 11.

zeugt gewesen sein. Da es sich bei der BJR um eine Ausnahme und Einschränkung des § 93 Abs. 1 S. 1 AktG handelt, liegt die Darlegungs- und Beweislast bei den Geschäftsleitern.[140]

Eine Pflichtverletzung i.S.d. § 93 Abs. 2 S. 1 AktG, § 43 Abs. 2 GmbHG stellt jede Verletzung von an die Gesellschaft gerichteten Vorschriften durch ihre Geschäftsleiter dar oder solche, die durch Verletzung der Überwachungs- und Organisationspflichten seitens der Geschäftsleiter erst ermöglicht wurden. Bei unternehmerischen Entscheidungen der Geschäftsleiter kann dabei ein Haftungsausschluss nach der Business Judgement Rule, gemäß § 93 Abs. 1 S. 2 AktG berücksichtigt werden. Weitere Voraussetzung für einen Schadensersatzanspruch ist, dass keine Rechtfertigungsgründe vorgelegen haben. Diese könnten sich aus Notwehr oder Notstand ergeben. In der Praxis sind diese Rechtfertigungsgründe aber kaum vorstellbar und daher von geringer Bedeutung. Ebenfalls muss die Pflichtverletzung schuldhaft durch die Geschäftsleiter entstanden sein. Dabei ist die Sorgfalt eines ordentlichen Geschäftsleiters maßgeblich. Schlussendlich muss die Pflichtverletzung für den Schadenseintritt ursächlich sein. Der Schaden muss bei der eigenverwaltenden Gesellschaft eingetreten sein, ein direkter Schadenseintritt bei den Gläubigern begründet hingegen keinen Anspruch aus § 93 Abs. 2 S. 1 AktG, § 43 Abs. 2 GmbHG.

Im Ergebnis ist daher festzustellen, dass eine Haftung der Geschäftsleiter gegenüber der Gesellschaft gemäß § 93 Abs. 2 S. 1 AktG, § 43 Abs. 2 GmbHG auch im Eigenverwaltungsverfahren zur Anwendung kommen kann. Dabei werden die Normen insoweit modifiziert, dass das Gläubigerinteresse zum Ziel des Geschäftsleiterhandelns gemacht wird, was wie dargestellt, dem Gesellschafterinteresse jedoch nicht zwangsläufig zuwiderlaufen muss, gleichwohl den Gesellschaftern nach § 276a InsO der Einfluss auf die Geschäftsführung versagt wird. Demnach sind die Geschäftsleiter der Gesellschaft zum Ersatz des aus der Pflichtverletzung resultierenden Schadens verpflichtet. Zur Geltendmachung des Schadensersatzanspruchs ist nach § 92 i.V.m. § 280 InsO analog der Sachwalter verpflichtet. Die Schadensberechnung erfolgt nach der Differenzhypothese, §§ 249 ff. BGB. Die

---

[140] *Kock/Dinkel*, NZG 2004, 441, 448.

Ansprüche verjähren gem. § 43 Abs. 4 GmbHG, § 93 Abs. 6 AktG in fünf Jahren.

b) Haftung der Geschäftsleiter nach §§ 64 Abs. 1 GmbHG, 93 Abs. 2, 3; 92 Abs. 2 AktG

In der Eigenverwaltung bleiben – trotz Insolvenzeröffnung – die Geschäftsleiter für die Unternehmensführung verantwortlich. In den meisten Fällen wird dabei das Unternehmen fortgeführt. Dies bedeutet, dass auch regelmäßig Zahlungen aus dem Gesellschaftsvermögen von Nöten sind. Daher stellt sich die Frage, ob neben der Haftung nach § 93 Abs. 2 S. 1 AktG, § 43 Abs. 2 GmbHG auch die Masseschmälerungshaftung gemäß § 64 Abs. 1 GmbHG, § 93 Abs. 2, 3, § 92 Abs. 2 AktG zur Anwendung kommen kann.

§ 64 GmbHG Haftung für Zahlungen nach Zahlungsunfähigkeit oder Überschuldung

Die Geschäftsführer sind der Gesellschaft zum Ersatz von Zahlungen verpflichtet, die nach Eintritt der Zahlungsunfähigkeit der Gesellschaft oder nach Feststellung ihrer Überschuldung geleistet werden. Dies gilt nicht von Zahlungen, die auch nach diesem Zeitpunkt mit der Sorgfalt eines ordentlichen Geschäftsmanns vereinbar sind. Die gleiche Verpflichtung trifft die Geschäftsführer für Zahlungen an Gesellschafter, soweit diese zur Zahlungsunfähigkeit der Gesellschaft führen mussten, es sei denn, dies war auch bei Beachtung der in Satz 2 bezeichneten Sorgfalt nicht erkennbar. Auf den Ersatzanspruch finden die Bestimmungen in § 43 Abs. 3 und 4 entsprechende Anwendung.

§ 92 AktG Vorstandspflichten bei Verlust, Überschuldung oder Zahlungsunfähigkeit

(1) Ergibt sich bei Aufstellung der Jahresbilanz oder einer Zwischenbilanz oder ist bei pflichtmäßigem Ermessen anzunehmen, daß ein Verlust

> in Höhe der Hälfte des Grundkapitals besteht, so hat der Vorstand unverzüglich die Hauptversammlung einzuberufen und ihr dies anzuzeigen.
>
> (2) Nachdem die Zahlungsunfähigkeit der Gesellschaft eingetreten ist oder sich ihre Überschuldung ergeben hat, darf der Vorstand keine Zahlungen leisten. Dies gilt nicht von Zahlungen, die auch nach diesem Zeitpunkt mit der Sorgfalt eines ordentlichen und gewissenhaften Geschäftsleiters vereinbar sind. Die gleiche Verpflichtung trifft den Vorstand für Zahlungen an Aktionäre, soweit diese zur Zahlungsunfähigkeit der Gesellschaft führen mussten, es sei denn, dies war auch bei Beachtung der in § 93 Abs. 1 Satz 1 bezeichneten Sorgfalt nicht erkennbar.

Danach haben die Geschäftsleiter, die nach Eintritt der Zahlungsunfähigkeit oder Überschuldung geleisteten Zahlungen, der Gesellschaft zu ersetzen. Wenn die Geschäftsleiter ihrer Pflicht, der Sicherung der Masse, nicht nachkommen, wird somit sichergestellt, dass der Schaden der Gesellschaft wieder ausgeglichen wird. Das von diesen Normen verfolgte Ziel, Zahlungen nach Eintritt der Zahlungsunfähigkeit oder Überschuldung zu verhindern, erscheint somit auch weiterhin von Bedeutung. Auf Grundlage dieser Argumentation wird von der Mindermeinung vertreten, dass auch nach Verfahrenseröffnung das Bedürfnis nach einer Haftung der Geschäftsleiter für Vermögensabflüsse bestehe und diese Normen anwendbar seien.[141] Dem entgegnet die h.M., dass die Geschäftsleiter zwar weiter für die Unternehmensführung zuständig sind, jedoch sind sie dem Insolvenzzweck verpflichtet, daher seien insolvenzzweckwidrige Maßnahmen ohnehin unwirksam. Ferner sei die Gefahr von pflichtwidrigen Zahlungen aufgrund der Überwachungspflichten des Sachwalters entsprechend gering. Auch treffe den Sachwalter eine umfassende Haftung nach §§ 60 Abs. 1 i.V.m. 274 Abs. 1 InsO bei Verletzung seiner Überwachungspflichten. Von daher geht die h.M. davon aus, dass die Vorschriften § 64 Abs. 1 GmbHG, §§ 93

[141] *Thole*, GesR in der Insolvenz, Rn. 432.

Abs. 2, 3; 92 Abs. 2 AktG in der Eigenverwaltung nicht anwendbar seien.[142] Im Folgenden werden die dargebrachten Argumente auf ihre Stimmigkeit hin untersucht.

Im Hinblick auf die Anwendbarkeit dieser Vorschriften stellt sich die konkrete Frage nach dem zeitlichen Anwendungsbereich. So ist nun durch Auslegung zu ermitteln, ob dieser durch Eröffnung des Insolvenzverfahrens, also Verdrängung des Gesellschaftsrechts durch das Insolvenzrecht, beschränkt ist.

In den §§ 270 ff. InsO, den Vorschriften zur Eigenverwaltung, lässt sich keine Angabe zur Anwendung von § 64 Abs. 1 GmbHG, §§ 93 Abs. 2, 3; 92 Abs. 2 AktG finden. Daher kann bei der Auslegung nach dem Wortsinn lediglich auf § 64 Abs. 1 GmbHG, §§ 93 Abs. 2, 3; 92 Abs. 2 AktG abgestellt werden. Diesen ist zu entnehmen, dass es für die Haftung der Geschäftsleiter lediglich auf Zahlungen nach Eintritt der Zahlungsunfähigkeit bzw. Überschuldung ankommt. Mit Eröffnung des Insolvenzverfahrens entfallen diese Tatbestände selbstverständlich nicht, sonst würde ebenfalls der Eröffnungsgrund wegfallen. Somit erfassen die Vorschriften grundsätzlich auch Zahlungen nach Verfahrenseröffnung.[143] Daher erscheint es zutreffend, den Wortlaut für eine Anwendbarkeit der § 64 Abs. 1 GmbHG, §§ 93 Abs. 2, 3; 92 Abs. 2 AktG im Insolvenzverfahren, und somit auch im Eigenverwaltungsverfahren, sprechen zu lassen.

Der Gesetzesbegründung zur Insolvenzordnung und zum ESUG lassen sich keine Aussagen über die Fortgeltung oder Beschränkungen der besagten Regelungen finden. Auch geben die Gesetzgebungsmaterialien zum Gesellschaftsrecht darüber keine Aufschlüsse.

Wird der Blick auf die Gesetzessystematik gewendet, erscheint auffällig, dass die entsprechenden Normen im Gesellschaftsrecht und nicht im Insolvenzrecht verankert sind. Dies scheint verwunderlich, so haben diese doch

---

[142] *Thole/Brünkmans*, ZIP 2013, 1097, 1100; *Schmidt/Poertzgen,* NZI 2013, 369, 376.

[143] *Haas*, ZHR 178, 603, 604.

einen starken insolvenzrechtlichen Bezug.[144] Die Stellung im Gesellschaftsrecht könnte somit dafürsprechen, dass diese Normen lediglich auf Zahlungen außerhalb des Insolvenzverfahrens Anwendung finden sollen. Jedoch bleiben, wie bereits festgestellt (s. 2), die gesellschaftsrechtlichen Vorschriften grundsätzlich weiterhin in der Eigenverwaltung anwendbar. Vergleicht man hingegen das Insolvenzverfahren mit dem Liquidationsverfahren, ergibt sich ein anderes Bild. Durch Verweis in § 71 Abs. 4 GmbHG, § 264 Abs. 3 AktG sind die § 64 Abs. 1 GmbHG, §§ 93 Abs. 2, 3; 92 Abs. 2 AktG auf Zahlungen im Liquidationsverfahren anwendbar. Ziel des Liquidationsverfahrens ist zwar die vollständige Abwicklung der Gesellschaft, jedoch soll damit die Befriedigung der Gläubiger erreicht werden.[145] Also erscheint dieses, mit dem Ziel der gemeinschaftlichen, gleichmäßigen und bestmöglichen Gläubigerbefriedigung im Insolvenzverfahren vergleichbar. Unschädlich ist dabei die Möglichkeit der Unternehmensfortführung zur Zielerreichung im Insolvenzverfahren.[146] Denn nicht nur eine Unternehmensfortführung, sondern auch eine Abwicklung der Gesellschaft verursacht Zahlungen. Dies kann bei Beauftragung eines Entsorgungsdienstes oder Zuhilfenahme eines Sachverständigen zur Be- und Verwertung der Vermögensgegenstände der Fall sein. Insofern spricht der Vergleich mit dem Liquidationsverfahren für die Anwendung der Zahlungsverbote im eröffneten Insolvenzverfahren. Mithin spricht auch die systematische Auslegung für die Anwendung der § 64 Abs. 1 GmbHG, §§ 93 Abs. 2, 3; 92 Abs. 2 AktG im Eigenverwaltungsverfahren.

Abschließend sollte ein Blick auf den Sinn und Zweck der Normen geworfen werden, so scheint doch der zeitliche Anwendungsbereich eng mit diesem verbunden. Höchstrichterliche Entscheidungen zur Anwendbarkeit der § 64 Abs. 1 GmbHG, §§ 93 Abs. 2, 3; 92 Abs. 2 AktG auf Zahlungen innerhalb der Eigenverwaltung sind bis zum jetzigen Zeitpunkt nicht ersichtlich. Die Zahlungsunfähigkeit (§ 17 InsO), die drohende Zahlungsunfähig-

---

[144] *Röhricht*, ZIP 2005, 505, 509.

[145] *Haas*, in: Baumbach/Hueck, GmbHG, § 70, Rn. 3; MüKo-AktG/*Peifer*, § 182, Rn. 72.

[146] *Pape*, in: Uhlenbruck, InsO, § 1, Rn. 7.

keit (§ 18 InsO) sowie die Überschuldung (§ 19 InsO) stellen die Insolvenzauslösetatbestände dar. Dies bedeutet, dass zu diesem Zeitpunkt ein Grund zur Eröffnung des Insolvenzverfahrens gegeben ist, die sog. materielle Insolvenz. Da aber in der Praxis der Eintritt der materiellen Insolvenz sowie der Zeitpunkt der Insolvenzeröffnung auseinanderfallen, ist der Zweck der § 64 Abs. 1 GmbHG, §§ 93 Abs. 2, 3; 92 Abs. 2 AktG in erster Linie im Erhalt des verteilungsfähigen Vermögens zu sehen.[147] Hinsichtlich der sich daraus ergebenen Konsequenzen in Bezug auf den zeitlichen Anwendungsbereich, herrscht Unstimmigkeit. Zum einen wird vertreten, dass die Vorschriften nach Verfahrenseröffnung nicht mehr anwendbar seien.[148] Dies wird damit begründet, dass einerseits im Regelverfahren die Verwaltungs- und Verfügungsbefugnis auf den Insolvenzverwalter übergehe, so dass von den Geschäftsleitern veranlasste Zahlungen ohnehin unwirksam sind.[149] Auch seien die in der Eigenverwaltung von den Geschäftsleitern veranlassten Zahlungen, welche insolvenzzweckwidrig sind, unwirksam.[150] Zusätzlich seien die Gläubiger bereits durch die Überwachungspflichten (§ 274 Abs. 2 InsO) sowie die Zustimmungs- und Widerspruchsrechte (§§ 275, 277 InsO) des Sachwalters ausreichend geschützt, so dass kein Anwendungsbedürfnis dieser Normen bestehe.[151]

Die Gegenansicht begründet hingegen die Anwendbarkeit der § 64 Abs. 1 GmbHG, §§ 93 Abs. 2, 3; 92 Abs. 2 AktG in der Eigenverwaltung damit, dass der Tatbestand der Zahlungsverbote auch nach Verfahrenseröffnung erfüllt sein könne.[152] So könnten die Geschäftsleiter trotz der Verdrängung durch den Insolvenzverwalter aufgrund ihres faktischen Einflusses weiterhin Zahlungen veranlassen. Dahingehend zeige sich gerade in der Eigenver-

---

[147] *Haas*, in: Baumbach/Hueck, GmbHG, § 64, Rn. 1; *Koch*, in: Hüffer, AktG, § 93, Rn. 1.

[148] *Schmidt/Poertzgen*, NZI 2013, 369, 376.

[149] *Thole/Brünkmans,* ZIP 2013, 1097, 1101.

[150] *Haas*, ZHR 178, 603, 607.

[151] *Haas*, ZHR 178, 603, 607.

[152] *Thole*, GesR in der Insolvenz, Rn. 429 ff.

waltung - wo die Geschäftsleiter weiterhin für die Geschäftsführung zuständig sind - dass den Zahlungsverboten nach § 64 Abs. 1 GmbHG, §§ 93 Abs. 2, 3; 92 Abs. 2 AktG weiterhin Bedeutung zukommt.[153]

Zutreffend ist, dass im Regelverfahren die Geschäftsleiter durch den Insolvenzverwalter verdrängt werden und nicht mehr zur Geschäftsführung befugt sind, § 80 InsO. Dies schließt jedoch nicht aus, dass die Geschäftsleiter unter Ausnutzung eines noch bestehenden faktischen Einflusses, Zahlungen aus dem Gesellschaftsvermögen veranlassen. Dieses Problem kann auch nicht mit der Unwirksamkeit dieser Zahlungen behoben werden, denn allein durch die Unwirksamkeit ist nicht garantiert, dass diese Zahlungen tatsächlich vom Empfänger zurückerlangt werden können.[154] So vermag das Argument, dass sich kein Bedürfnis der Anwendbarkeit dieser Normen aufgrund der Unwirksamkeit der erfolgten Zahlungen ergebe, nicht zu überzeugen. Das gleiche muss logischerweise für die offensichtlich insolvenzzweckwidrig geleisteten Zahlungen durch die geschäftsführungsbefugten Geschäftsleiter in der Eigenverwaltung gelten. Ferner kann eine noch so gründliche Überwachung durch den Sachwalter die Gefahr von unzulässig geleisteten Zahlungen nicht ausschließen. Auch das Widerspruchsrecht des Sachwalters ändert nichts an dem Umstand, dass die Zahlungen dann bereits erfolgt sein dürften. Lediglich in Bezug auf das Zustimmungserfordernis des Sachwalters (§ 277 InsO), sofern das Gericht dies angeordnet hat, bleibt zu erwähnen, dass sollte der Sachwalter seine Zustimmung erteilt haben und sich die Zahlung als insolvenzzweckwidrig erweisen, der Sachwalter nach § 277 Abs. 1 S. 3 i.V.m. § 61 InsO für den entstandenen Schaden einzustehen hat. Eine darüberhinausgehende Haftung des Sachwalters ist nicht vorgesehen. So verliert der Zweck der Haftungsnormen, die Masse zu erhalten, auch nach Verfahrenseröffnung nicht an Bedeutung. Dementsprechend ist die zweitgenannte Auffassung, die die Anwendbarkeit der § 64 Abs. 1 GmbHG, §§ 93 Abs. 2, 3; 92 Abs. 2 AktG aufgrund der fort-

---

153 *Nerlich*, in: Michalski, GmbHG, § 64, Rn. 45.

154 OLG Hamm, Urteil vom 15. Oktober 1979, 8 U 149/78, ZIP 1980, 280, 281.

dauernden Bedeutung des Normzwecks in der Eigenverwaltung bejaht, zutreffend. Mithin spricht auch die teleologische Betrachtung für die Anwendung dieser Haftungsnormen.

Das Ergebnis der Auslegung lässt sich folgendermaßen zusammenfassen. Der Wortlaut der Vorschriften erfasst ohne weiteres Zahlungen im eröffneten Insolvenzverfahren, mithin im Eigenverwaltungsverfahren. Die teleologische Auslegung hat gezeigt, dass auch Zahlungen in der Eigenverwaltung den Zweck der Normen gefährden, denn es spricht auch diese Auslegung dafür, die Zahlungsverbote im eigenverwaltenden Verfahren anzuwenden. Vergleicht man das Insolvenzverfahren mit dem Liquidationsverfahren, unterstützt die systematische Auslegung ebenfalls die Anwendbarkeit dieser Regelungen. Zutreffend ist es deshalb, davon auszugehen, dass der zeitliche Anwendungsbereich der § 64 Abs. 1 GmbHG, §§ 93 Abs. 2, 3; 92 Abs. 2 AktG auch Zahlungen im Insolvenzverfahren, mithin in der Eigenverwaltung, erfasst.

Nachdem die Anwendbarkeit der Masseschmälerungshaftung im Eigenverwaltungsverfahren in der vorliegenden Arbeit bejaht wurde, bleibt die Darstellung der Tatbestandvoraussetzungen. Ausgangspunkt für die Haftung nach § 64 Abs. 1 GmbHG, §§ 93 Abs. 2, 3; 92 Abs. 2 AktG ist zunächst, dass trotz materieller Insolvenz eine Zahlung zu Lasten der Gesellschaft erfolgt ist. Zahlung i.S.d. § 64 Abs. 1 GmbHG, §§ 93 Abs. 2, 3; 92 Abs. 2 AktG ist jede Geldleistung, gleichgültig, ob es sich um Bar- oder Buchgeld handelt.[155] Weiterhin ist erforderlich, dass die Geschäftsleiter diese Zahlung veranlasst haben. Daran würde es fehlen, wenn die Zahlung aufgrund einer Zwangsvollstreckungsmaßnahme geleistet wurde. Dies wäre bei der Kontopfändung der Fall.[156] Auch setzt die Haftung ein Verschulden der Geschäftsleiter voraus.[157] Sorgfaltsmaßstab ist dabei die Sorgfalt eines ordentlichen und gewissenhaften Geschäftsleiters, § 64 S. 2 GmbHG, § 93

---

[155] *Haas*, in: Baumbach/Hueck, GmbHG, § 64, Rn. 8.

[156] *Koch*, in Hüffer, AktG, § 92, Rn. 32.

[157] *Koch*, in Hüffer, AktG, § 92, Rn. 43; *Haas*, in: Baumbach/Hueck, GmbHG, § 64, Rn. 84.

Abs. 1 AktG. Dabei ist hervorzuheben, dass die Kenntnis über die Insolvenzreife der Geschäftsleiter nicht erforderlich ist.[158]

Nach § 64 S. 2 GmbHG bzw. § 92 Abs. 2 S. 2 AktG dürfen die Geschäftsleiter solche Zahlungen leisten, die mit der Sorgfalt eines gewissenhaften und ordentlichen Geschäftsmannes vereinbar sind. Dies erscheint auch insoweit erforderlich, dass es den Geschäftsleitern zur Fortführung des Unternehmens möglich sein muss, notwendige Verbindlichkeiten zu erfüllen. Auch kann die Masseerhaltungspflicht mit anderen gesetzlichen Pflichten zusammentreffen, hierbei ist beispielsweise an die Pflicht zur Abgabe von Steuern und Sozialabgaben zu denken.[159]

Zur Geltendmachung des Schadensersatzanspruchs ist nach § 92 i.V.m. § 280 InsO analog der Sachwalter verpflichtet. Die Schadensberechnung erfolgt nach der Differenzhypothese, §§ 249 ff. BGB. Die Ansprüche verjähren gem. §§ 64 S. 4 GmbHG, 93 Abs. 6 AktG in fünf Jahren.

Im Ergebnis der gesellschaftsrechtlichen Haftungsnormen bleibt festzustellen, dass die §§ 93 Abs. 2 S. 1 AktG, 43 Abs. 2 GmbHG sowie auch § 64 Abs. 1 GmbHG, §§ 93 Abs. 2, 3; 92 Abs. 2 AktG auch im Eigenverwaltungsverfahren anwendbar sind. Grundsätzlich begründen diese Normen jedoch eine reine Innenhaftung (Grundsatz der Haftungskonzentration).[160] Auch wenn die wirtschaftliche Zuordnung der Insolvenzmasse zu den Gläubigern erfolgt, bleibt es bei der juristischen Betrachtungsweise beim Gesellschaftsvermögen. Jedoch steht in der Insolvenz dieses Vermögen dann der ranggerechten und gleichmäßigen Gläubigerbefriedigung zur Verfügung.[161] Es kann zwar nicht von einer Durchbrechung des Konzepts der reinen Innenhaftung gesprochen werden, allerdings sollte bewusst wahrgenommen werden, dass auch die Gläubiger von der gesellschaftsrechtlichen Haftung im Eigenverwaltungsverfahren mittelbar profitieren.

---

[158] BGH, Urteil vom 08. Juli 1999, III ZR 159/97, BGHZ 142, 184, 185 f.

[159] *Haas*, in: Baumbach/Hueck, GmbHG, § 64, Rn. 74 ff., *Koch*, in: Hüffer, AktG, § 93, Rn. 34.

[160] *Zöllner/Noack*, in: Baumbach/Hueck, GmbHG, § 43, Rn. 1; *Koch*, in: Hüffer, AktG, § 93, Rn. 60.

[161] BGH, Urteil vom 05. Mai 2008, II ZR 38/07, ZIP 2008, 1229.

D Fazit

Abschließend sollen die einzelnen Ergebnisse zusammengefasst werden. In der Eigenverwaltung von juristischen Personen kann es zunächst zu einer Haftung des Eigenverwalters nach den zivilrechtlichen Vorschriften kommen. Diese sind § 280 Abs. 1 BGB, § 280 Abs. 1 i.V.m. § 311 Abs. 2 i.V.m. § 241 Abs. 2 BGB, § 823 Abs. 1 BGB, § 823 Abs. 2 BGB, § 826 BGB und § 831 BGB. In Betracht kommt ferner eine analoge Anwendung der §§ 60, 61 InsO auf den eigenverwaltenden Schuldner. Zutreffend ist es aber, eine analoge Anwendung abzulehnen, da hinsichtlich der für die Analogie erforderlichen Regelungslücke keine Planwidrigkeit festgestellt wurde. Die schuldnerische Gesellschaft in ihrer Funktion als Eigenverwalter trifft deshalb lediglich eine Haftung nach den allgemeinen zivilrechtlichen Vorschriften. Im eigenverwaltenden Insolvenzverfahren haftet der Schuldner den Gläubigern mit seinem gesamten Vermögen, § 35 InsO. Dieses Vermögen reicht jedoch praktisch nie dazu aus, alle Gläubigerforderungen vollständig zu befriedigen. Aus diesem Grund ist das Schuldnervermögen für weitere Ansprüche denkbar ungeeignet. Daher kommt der Haftung des Eigenverwalters aufgrund der fehlenden zusätzlichen Haftungsmasse in der Praxis keine besondere Bedeutung zu.

Auch die Geschäftsleiter kann zunächst eine Haftung nach den zivilrechtlichen Vorschriften treffen. Damit lässt sich allerdings keine umfassende Haftung für die Verletzung der aus der Eigenverwaltung resultierenden Pflichten begründen. Weiterhin haften die Geschäftsleiter des eigenverwaltenden Schuldners nach § 43 Abs. 2 GmbHG, § 93 Abs. 2 AktG. Der zeitliche Anwendungsbereich dieser Haftungsnormen ist nicht durch die Eröffnung des Insolvenzverfahrens beschränkt. Mit der Verfahrenseröffnung sind für die Geschäftsleiter nicht mehr die Interessen der Gesellschafter maßgeblich, sondern diejenigen der Gläubiger. Daher erscheint es nicht widersprüchlich, dass nunmehr die Gläubiger von der Haftung nach § 43 Abs. 2 GmbHG, § 93 Abs. 2 AktG profitieren. Des Weiteren trifft die Geschäftsleiter in der Eigenverwaltung eine Haftung nach § 64 GmbHG, §§ 92 Abs. 2,3, 93

Abs. 2 AktG wenn die Pflichtverletzung der Geschäftsleiter in einer Zahlung aus dem Gesellschaftsvermögen besteht. So setzt zwar die Haftung der Geschäftsleiter einen Schaden bei der Gesellschaft bzw. eine Zahlung aus dem Gesellschaftsvermögen voraus und nicht jede Pflichtverletzung schlägt sich in einem Schaden der Gesellschaft nieder, aber aufgrund des verfolgten Zieles der Eigenverwaltung, dem die Geschäftsleiter verpflichtet sind, ermöglicht es für die Gläubiger einen ausreichenden Schutz.

So stellt das Haftungsregime, das sich aus der Haftung des Eigenverwalters, des Sachwalters sowie der handelnden Organe des Schuldners zusammensetzt zwar ein schwer durchschaubares, jedoch umfassendes Haftungskonzept dar. Es berücksichtigt auf der einen Seite die Interessen der Gläubiger in ausreichendem Maße und unterwirft auf der anderen Seite die Geschäftsleiter des Schuldners nicht einer zu strengen Haftung, so dass sie nicht davon abgeschreckt werden, die Verantwortung für die Eigenverwaltung zu übernehmen.

Stichwortverzeichnis

Berliner wirtschaftsrechtliche Schriften

Patrick Müller: Mindestlohn. Berechnung und Auszahlung. BWS 1
Broschur, 128 Seiten, 24,95 €, ISBN 978-3-946392-00-2
Erschienen April 2016

Patrick Rieger: Tarifeinheitsgesetz. Eine verfassungsrechtliche Bewertung. BWS 2
Broschur, 178 Seiten, 24,95 €, ISBN 978-3-946392-01-9
Erschienen Juli 2016

Anke Götze: Die Haftung im eigenverwalteten Insolvernzverfahren. Eine Bewertung des Haftungskonzepts. BWS 3
Broschur, ca. 96 Seiten, 24,95 €, ISBN 978-3-946392-02-6
Erscheinungstermin Juli 2016

Marcel Paltin: Insiderinformationen und Ad-hoc-Publizität. Anforderungen an die Selbstbefreiung von der Veröffentlichungspflicht. BWS 4
Broschur, ca. 124 Seiten, 24,95 €, ISBN 978-3-946392-03-3
Erscheinungstermin Juli 2016

Thomas Cunow: Vertrauenskapital und Abmahnung. BWS 5
Broschur, ca. 120 Seiten, 24,95 € ISBN 978-3-946392-04-0
Erscheinungstermin August 2016

Stephanie Rülke: Werbeblocker im Internet. Eine wettbewerbsrechtliche Beurteilung. BWS 6
Broschur, ca. 220 Seiten, 29,95 €, ISBN 978-3-946392-05-7
Erscheinungstermin August 2016

Weitere Titel sind in Vorbereitung

Konzept

In den Berliner wirtschaftsrechtlichen Schriften werden wissenschaftliche Abhandlungen zu aktuellen Themen aus den wirtschaftsrechtlichen Kernbereichen veröffentlicht: Wirtschaftsprivatrecht, Arbeits- und Sozialrecht, Gesellschaftsrecht, Insolvenzrecht, Internationales Privatrecht, Wettbewerbs- und Kartellrecht.

Die Berliner Professoren der HTW Berlin, Michael Jaensch und Irmgard Küfner-Schmitt stehen als Herausgeber für eine wissenschaftlich fundierte Darstellung mit hoher praktischer Relevanz. Bei den Schriften handelt es sich im Regelfall um Abschlussarbeiten wirtschaftsrechtlicher Studiengänge. Die Schriftenreihe ist aber auch offen für Doktorarbeiten und sonstige Abhandlungen des aktuellen Wirtschaftsrechts, sofern diese einen entsprechenden Unternehmensbezug aufweisen. Jeder Band wird eingeleitet von einem Vorwort der Herausgeber, das den Kontext herstellt und in die Thematik einführt.

Per E-Mail nehmen die Herausgeber Anregungen und Kritik entgegen: michael.jaensch@htw-berlin.de und irmgard.kuefner-schmitt@htw-berlin.de.

Notizen

Notizen

Notizen